KB113370

논리력 키우기
GOOD THINKING

논리력 키우기
GOOD THINKING

테드 허들스턴 & 돈 로우 지음
어린이철학교육연구소 옮김

철학과 현실사

Good Thinking
by
Ted Huddleston and Don Rowe

First published by Evans Brothers Limited
Copyright © in the text Citizenship Foundation 2001
Copyright © in the illustrations Evans Brothers Limited 2001
This Korean edition published under licence from Evans Brothers Limited
All rights reserved

Korean Translation Copyright © 2005 by Chul Hak Kwa Hyun Sil Sa Publishing Co.
Korean edition is published by arrangement with Evans Brothers Limited
through Imprima Korea Agency

이 책의 한국어판 저작권은 Imprima Korea Agency를 통해
Evans Brothers Limited와의 독점계약으로 철학과현실사에 있습니다.
저작권법에 의해 한국 내에서 보호를 받는 저작물이므로
무단전재와 무단복제를 금합니다.

옮긴이의 글

이 책은 논증과 토론 및 논술에 관련된 기초능력, 지식 및 이해력을 길러주는 안내서이다. 특히 내용 면에서는 도덕적 관심을 불러일으키는 현안들(issues of moral concern)을 중심으로 이를 탐구, 반성하고, 토론하는 방법에 초점이 맞추어져 있다. 이 책은 3권의 Good Thinking 시리즈 가운데 제1권이고, 영국 전역의 40여 학교에서 실험을 거쳤다.

이 책을 살펴보면 그 목표 및 내용과 접근방법 면에서 다목적적이라고 할 수 있다. 내용을 중심으로 보면 글로벌 시대를 염두에 둔 민주 시민 교육을 위한 교재, 다시 말해 범세계적인 시민 공동체의 가치관이라 할 시민 도덕에 초점을 두고 있다. 이와 관련된 가치관 및 덕목들로는 사회정의, 인권, 협동, 예의, 협상과 토론에의 참여 등이 주로 다루어진다. 이 경우 시민 도덕 교육의 목적은 한마디로 젊은이들을 시민 공동체가 지향하는 도덕적 삶에 효과적으로 참여시키는 것이라 하겠다.

그런데 이와 관련하여 주목할 점은 '공적 담론 모델'(public discourse model)이라는 접근방법이다. 이는 참여민주주의에서의 도덕적 삶에는 단순히 선량한 태도를 갖는 것 이상의 것이 있다고 본다. 다시 말해 도덕 교육에는 첫째, 인간의 상황을 도덕적인 틀로 이해하는 능력이 필요하고, 둘째, 어떤 상황을 도덕적 관점에서 이해하고 그에 대해 논쟁을 펴는 능력이 요구되며, 셋째, 민주 사회에서는 증거와 논증의 관점에서 다른 사람의 견해를 듣고 분석하며, 차이를 인정하고 합의를 이끌어내는 능력이 요구된다고 본다. 이와 같은 접근방법 내지 수단적인 면에서 이 책은 탁월한 교재이다.

이 책의 가치 및 실용성은 바로 위와 같은 목표와 접근방법 모두에 있다고 볼 수 있다. 논술이나 토론만 중요한 것이 아니요, 그것이 담아내는 내용 및 과정도 그와 못지 않게 중요한 것이다. 따라서 '공적 담론 모델'이라는 접근방법을 통해 내용상으로 도덕적 관심사에 관한 이슈들을 다루고 있는 것은 일거양득이요 일석이조라고 할 수 있다. 논술 및 토론 실력을 배양하는 동시에 민주 시민의 도덕성을 체득할 수 있다는 것이 이 책의 특성이요 장점이다.

이 시대의 도덕적 불감증을 개탄하며 이를 위해 작은 무언가라도 하기 위해, 숱한 어려움 속에서도 끝까지 번역 및 토론 모임에 참가한 본인을 비롯한, 남철우, 서규선, 임근용, 김미덕, 전영삼 선생의 노고가 작지 않았음을 밝혀두고 싶다. 이 책을 시작으로 이미 번역 및 토론을 끝낸 제2, 제3권도 계속 나올 수 있게 되었으면 좋겠다. 이 책을 내기 위해서 지원을 아끼지 않으신 철학과현실사에 머리 숙여 감사드린다.

2005년 5월 27일
어린이철학교육연구소
소장 박 민 규

‖ GOOD THINKING ‖

차례

‖ 해설편 ‖

차례

Good
Thinking

1
이상한 것 찾아내기 — 퀴즈

1. 프랑스의 수도는?

2. 세계에서 가장 높은 산은?

3. '주교'와 '기사'가 나오는 게임은?

4. 거미의 다리 수는?

5. 히틀러는 나쁜 사람이었는가?

6. "선녀와 나무꾼" 이야기에서 나무꾼이 하늘로 타고 올라간 것은?

7. 지금까지의 퀴즈가 재미있는가?

8. "로미오와 줄리엣"이란 희곡을 쓴 사람은?

9. 여가 시간에 하고 싶은 일은?

10. 중국의 화폐 단위는?

11. 동물에게 약물 실험을 하는 것은 그릇된 일인가?

12. 클라리넷이란 무엇인가?

13. 좋아하는 TV 프로는?

14. '캐디' 가 있는 스포츠는?

15. 농구 경기에서 한 팀의 선수는 몇 명?

16. 장난으로 어떤 아이의 가방을 감추는 것은 괜찮은가?

17. 만일 지금 아테네에서 휴가를 보내고 있다면, 어느 나라에 있는 것인가?

18. 콜라, 레모네이드, 생수 가운데 어느 것을 더 좋아하는가?

19. '제라늄' 이란 무엇인가?

20. 학생들이 숙제를 해 오지 않을 때 야단치는 것은 괜찮은가?

🍎 학습 목표

- 다른 사고와 구별되는 독특한 형태의 사고로서 도덕에 관한 사고를 잘 알 수 있다.
- 사실에 관한 물음과 가치에 관한 물음을 구분할 수 있다.
- 도덕에 관련된 물음과 개인적 취향에 관련된 물음을 구분할 수 있다.

🌼 학습 활동

(1) 퀴즈 문제 풀기

앞의 퀴즈 문제들을 풀어보세요.

- 얼마나 많은 질문에 대답할 수 있나요?
- 질문들 중에서 다른 것들과 구별되는 것들이 있습니까? 만일 그렇다면, 무엇이 다른가요?

(2) 퀴즈의 질문 분류하기

- 여러분이 생각하기에 어떤 질문들이 이상한가요?
- 그 질문들은 다른 질문들과 어떻게 다른가요?
- 그런 질문들을 따로 묶을 수 있나요? 다음과 같은 종류의 질문들을 찾아 그 번호를 (   ) 안에 써보세요.

1. 마음대로 대답해도 되는 질문들 (　　　　　)

2. 남이 아닌 자신의 생각에 관련된 질문들 (　　　　　)

3. 하나 이상의 답을 갖고 있는 질문들 (　　　　　)

4. 올바른 대답이 없는 질문들 (　　　　　)

5. 모든 사람의 대답이 다 옳은 질문들 (　　　　　)

6. 올바른 대답이 무엇인지 의견을 일치시킬 수 없는 질문들 (　　　　　)

7. 올바른 대답이 무엇인지 증명할 수 없는 질문들 (　　　　　)

(3) 자기 평가

이제 알게 되었겠지만 이 퀴즈에는 약간의 함정이 있었습니다. 이 퀴즈의 핵심은 모든 질문들이 똑같은 것은 아니라는 것을 보여주는 것이었습니다. 예를 들면, 다음과 같은 여러 종류의 질문들이 있습니다.

a. '참' 혹은 '거짓'인 답을 가진 질문들

b. '옳고' '그름'에 관한 질문들

c. '좋아하거나' '싫어하는 것'에 관한 질문들

여러분은 이와 같은 여러 종류의 질문들을 얼마나 잘 구별할 수 있나요?

• 다음 14페이지의 자기 평가에 실린 질문들을 검토하여 각각 어떤 종류의 질문인지 판단해 보세요. 조심하세요! 이 질문들은 처음 보기와는 달리 모두가 그렇게 쉬운 것은 아니랍니다.

〈 자기 평가를 해보세요 〉

아래 질문들을 읽어보고 질문의 답이 속하는 것에 ✔표 하시오.

질문 \ 답의 종류	참 / 거짓	옳음 / 그름	좋아함 / 싫어함
1. 컴퓨터를 처음 만든 사람은 누구인가요?			
2. 주인에게 물어보지 않고 물건을 빌린 것은 잘못인가요?			
3. 우리는 새끼 개구리를 무엇이라고 부르나요?			
4. 사탕은 치아에 나쁜가요?			
5. 여러분은 낯선 사람이 사탕을 주면 받아야 하나요?			
6. 여러분이 제일 좋아하는 친구는 누구인가요?			
7. 애완동물은 크리스마스용 선물로서만 좋을까요? 아니면 평생의 반려자로서 좋은 것인가요?			
8. 2 + 2 = ?			
9. 왜 어떤 사람들은 깡패가 될까요?			
10. 여러분이 생각하는 이상적인 휴가 장소는 어디인가요?			

(4) 토론

여러분의 생각을 친구들과 함께 발표하고 토의해 보세요.

• 여러분은 어느 것이 가장 중요한 질문이라고 생각하나요? 그 이유는 무엇
  인가요?

(5) 요점 논술

'옳다', '그르다'에 관련된 질문이 있는 과목들에 관해 생각해 보고, 몇 가지
예를 들어보세요.
  여러분은 학교에서 이런 종류의 질문을 공부하는 게 중요하다고 생각하나요?
그렇다면 왜 그렇고, 그렇지 않다면 왜 그렇지 않은가요?

☆ 더 생각해 볼 문제

Q.1. 신문이나 텔레비전에서 요즈음 토론 중인 도덕적인 문제들 가운데 생
각나는 것이 있습니까? 만일 있다면, 어떤 문제인가요?

Q.2. 어떤 사람들은 옳고 그름에 관련된 문제에 올바른 답이 반드시 있지
만, 그것이 무엇인지는 지금까지 아무도 확실하게 알지 못한다고 합
니다. 이 말에 일리가 있다고 생각합니까? 만일 그렇다면, 그 까닭은
무엇인가요? 아니라면, 또 그 까닭은 무엇인가요?

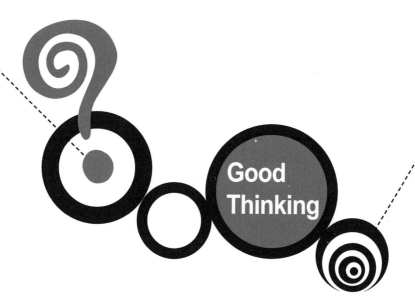

Good
Thinking

2
작은 새

작은 새

사라와 매튜는 잔디 위에 조용히 서 있었습니다.

그들 앞에는 작은 새 한 마리가 놓여 있었습니다.

그 새는 필사적으로 날개를 파닥거리고 있었습니다.

사라가 먼저 입을 열었습니다.

"아직 살아 있으니 정말 다행이야."

"거의 죽은 거 같아." 매튜가 새를 잡으려고 몸을 앞으로 구부리며 말했습니다.

"만지지 마! 그건 좋지 않아." 사라가 외쳤습니다. "아파하고 있잖아."

매튜는 웃으면서 어린애 같은 목소리로 사라의 말을 따라했습니다.

"아파하고 있잖아." 흉내내면서 그가 말했습니다.

"네가 만지면 어미 새가 깃털에 밴 사람 냄새를 맡고 그냥 버릴지도 모르잖아." 변명하듯 사라가 말하였습니다. "수의사를 찾아보자."

"그러기에는 좀 늦은 것 같은 걸." 매튜가 말하였습니다.

"이 새의 고통을 빨리 없애주면 줄수록 더 나을 거야. 내가 돌멩이나 뭐 다른 것을 가져올게."

"끔찍한 소리 그만해!" 사라가 소리 질렀습니다. "수의사에게 데려가면 최소한 이 새는 고통 없이 편안히 잠들 수 있게 될 거야."

"수의사가 올 때까지 기다리게 하는 건 새에게 더 고통스러운 일일 뿐이야." 매튜가 말하였습니다. "의사를 찾을 수 있다 하더라도 말이지."

매튜는 새 쪽으로 몸을 굽혔습니다. 새의 날개는 아직 파닥거리고 있었습니다.

"죽어가고 있어. 이것 봐." 그가 말했습니다.

"오빠가 어떻게 알아?" 사라가 물었습니다.

"척 보면 알아. 알겠어?" 매튜가 우겼습니다. "자, 처리해 버리자."

사라는 자기를 밀치고 새 쪽으로 가려는 매튜를 움켜잡았습니다.

"야! 뭐하는 거야!" 그가 소리쳤습니다. "옷이 찢어질 뻔했잖아!"

"나도 알 만큼은 아는 나이라니까!" 사라가 말하였습니다.

"내가 오빠보다 어리다고 나를 무시하면 안 돼!"

"무시하지 말라고?" 매튜가 말하였습니다. "보고만 있으라니까. 처리해 버리면 되는 거야. 죽이는 게 그렇게 겁나면 나 혼자 할게."

"안 돼, 안 된다고!" 사라가 소리쳤습니다.

사라는 잔디를 가로질러 건너편 집 쪽으로 뛰어 들어갔습니다.

"누가 잘못했는지 어디 두고 보자." 그녀는 소리쳤습니다.

"엄마에게 오빠가 한 말을 다 말할 테야."

사라는 집안으로 달려갔고 매튜도 금방 뒤따라 들어갔습니다. 작은 새는 정원에 누워 있었고, 그 날개는 아직도 파닥거리고 있었습니다.

🍎 학습 목표

- 일상생활에서 일어날 수 있는 도덕적 문제들을 찾아낼 수 있다.
- 독특한 형태의 사고로서 도덕 관념에 친숙해질 수 있다.

🌻 학습 활동

(1) 이야기 읽기

"작은 새"를 읽고 일상생활에서 일어날 수 있는 경우의 도덕적 문제들을 찾아 봅시다.

(2) 이야기하기

여러분이 방금 읽은 이야기에 관해 친구와 서로 이야기해 보세요.

- 이야기에 관해 몇 가지 질문들을 생각해 보세요. 질문들은 예를 들어서 "매 튜와 사라는 수의사를 찾기 위해 노력해야 하는가?"와 같이 '…해야 하는 가?' 와 같은 형식으로 해야 합니다. 여러분은 얼마나 많은 '…해야 하는가?' 질문들을 생각해 낼 수 있나요?

(3) 토론

여러분이 생각해 낸 질문들을 친구들에게 말하고 서로 의견을 나누어보세요.

- 발표한 질문들 중 어느 것이 옳고 그름에 관한 문제라고 생각하나요?
- 발표한 '…해야 하는가?' 질문 형식 중 옳고 그름에 관한 질문들을 찾아 아래의 기준에 따라 나누어 써보세요.

    1. 규칙에 관한 질문들
    2. 해야 할 것과 하지 말아야 할 것에 관한 질문들
    3. 어떤 것이나 누군가에게 해가 되거나 영향을 주는 것에 관한 질문들
    4. 선악에 관계되는 질문들
    5. 사실이 아닌 의견에 관한 질문들

⑷ 브레인스토밍

친구들과 좀더 많은 '…해야 하는가?' 질문으로 브레인스토밍을 해보세요.

- 가정생활에서 생기는 '…해야 하는가?' 질문들에 관해 생각해 보세요. 얼마나 많은 질문을 생각해 낼 수 있나요? 그것들 중에서 어떤 것이 옳고 그름에 관한 질문인가요?
- 친구들과 함께 찾아낸 질문들을 다음 주제에 따라 나누어 써보세요.

    1. 휴가 가기에 관한 질문들
    2. 파티하기에 관한 질문들
    3. 공원에 가기에 관한 질문들
    4. 긴 겨울밤에 관한 질문들
    5. 애완동물에 관한 질문들

(5) 요점 논술

아래에 있는 사실들로 '…해야 하는가?' 질문들을 여러 가지로 만들어보세요.
여러분이 만든 질문들 중 어느 것이 옳고 그름에 관한 질문인가요?

    a. 찰스 왕자는 왕위 계승자이다.
    b. 동물보호협회는 매년 4만 마리가 넘는 고양이들에게 가정을 찾아준다.
    c. 부모가 이혼한 아동은 학업을 잘 수행하지 못한다.
    d. 빌 게이츠는 세계에서 제일 부자이다.
    e. 심장병은 영국에서 가장 큰 사망의 원인이다.
    f. 어린아이들이 무단 결석을 하는 가장 큰 원인은 폭력이다.

☆ 더 생각해 볼 문제

Q.1. 옳고 그름에 관한 질문에는 항상 '…해야 한다' 라는 말이 있어야 되는
것은 아닙니다. 다음과 같은 낱말들이 들어 있어도 도덕적인 물음이
될 수 있습니다. 옳음, 그름, 선함, 악함, 불량함, 의무, 정의, 공정, 불
공정, 가치 등과 같은 낱말들이 그것입니다. 앞의 이야기에 관한 도덕
적 질문들을 이런 낱말들을 사용하여 만드는 방법을 생각해 보세요.
얼마나 많은 도덕적 질문들을 만들 수 있나요?

Q.2. 매튜와 사라의 어머니는 이런 상황에서 어떻게 대답해야 하나요? 왜
그런가요?

Q.3. 예를 들어 경찰, 농부, 군인, 교사 등과 같은 여러 직업과 관계되는 '…해야 하는가?' 질문의 예들을 생각해 낼 수 있나요?

Q.4. 어린이들이 몇 살 때부터 도덕적 질문들을 하기 시작한다고 생각합니까? 왜 그렇게 생각하나요? 어린이들이 도덕적 질문들을 어떻게 배운다고 생각하나요?

Q.5. 왜 우리들이 '…해야 하는가?' 질문을 한다고 생각합니까?

Good Thinking

3

네가 선택해라

네가 선택해라

부엌일을 하던 어머니가 로비를 불렀다.

"이리와 앉거라, 로비야. 너한테 할말이 좀 있구나." 하고 어머니가 조용히 말씀하셨다.

로비는 어머니의 말투에서 사태가 심상치 않음을 알 수 있었다. 그는 들고 있던 잡지를 내려놓고 어머니 옆에 앉았다.

"로비야, 우리가 지금처럼 계속 이렇게 살아갈 수는 없다." 어머니는 말씀하셨다.

지난 3년 동안 로비와 어머니는 새벽 5시에 일어나 시립 수영장까지 56㎞의 거리를 승용차로 가서 수영을 하고 돌아오는 생활을 해왔다.

로비네는 대대로 수영선수 집안이다. 로비의 아버지는 본래 수영 챔피언이었다. 그는 올림픽에 출전까지 하였으나 슬프게도 올림픽이 끝난 후 6개월만에 돌아가셨다. 로비 역시 수영 챔피언이 되기로 마음먹은 것은 아버지가 돌아가신

직후였다.

지금 로비는 13세 미만 소년부에서 8위를 한다. 만약 그가 1위에 가까워지려면 자신의 기록을 몇 초 더 앞당겨야만 한다. 그러기 위해서는 그의 여가 시간을 대부분 훈련하는 데 써야 한다. 그는 일주일에 6일을 하루에 아침, 저녁으로 두 번 훈련하며, 한 번 할 때 연습시간은 두 시간이다. 이것은 그의 학교 생활에 무리한 부담을 줄 뿐만 아니라 친구 관계에까지 영향을 준다. 그 나이 또래 다른 애들이 밖에서 신나게 놀 때도 로비는 홀로 수영 훈련을 해야 하기 때문이다.

로비의 어머니는 아들을 팔로 감싸안으며 말씀하셨다.

"엄마가 네게 할말이 좀 있는데 괜찮겠니? 코치 선생님이 너에게 불평하더구나. 네가 수영 훈련을 하는 중에 집중하지 못하고 딴 생각을 하며 헤맨다는 거야. 너도 알다시피 집중하지 못하면 기록을 단축시키지 못한다는 것이지."

로비는 어머니를 보면서 말했다.

"저도 알아요, 엄마. 그러나 전 그때 생각할 것이 많았어요. 그 중 한 가지는, 선생님들마다 어찌나 숙제에 대해 잔소리를 하시던지…"

"넌 항상 숙제는 해가잖아?" 하고 어머니가 물으셨다.

"물론이죠, 엄마." 로비가 말했다. "꼭 숙제 때문만은 아니에요. 코치 선생님은 제가 정말로 열심히 노력한다면 내년에는 선두 그룹에 들 수 있을 거라고 생각하는 것 같아요."

"결론은 간단하구나. 그렇지 않니?" 어머니가 응수하셨다.

"이제 앞으로는 숙제하는 데 좀더 시간을 투자하거라. 그리고 친구들과 밖에 나가 노는 것은 좀 줄이고."

"아이, 엄마. 그건 공정치 못해요." 로비는 잽싸게 말했다.

"엄마, 지금도 저는 친구들 코빼기도 볼 수 없단 말이에요."

"로비야, 허튼 소리 마라." 어머니가 꾸중을 하셨다.

"너 지난 밤 수영 훈련하고 돌아왔을 때 친구들하고 나가 논 것은 뭐냐. 그리고 토요일 날은 또 어떻고?"

"그래 봤자 일주일에 고작 두 번이에요!" 로비가 펄쩍 뛰었다.

"그게 그렇게 문제가 되나요?"

"요즘 세상에 네가 인생에서 어느 정도의 위치에 오르려면 신중하지 않으면 안 된다." 어머니가 말씀하셨다.

"너의 아빠가 성공하기 위해 기울여야 했던 온갖 노력을 생각해 봐라. 너도 노력한다면 아빠만큼은 할 수 있을 거야. 어쩌면 훨씬 더 잘할 수 있을지도 모르지."

"엄마!" 로비는 풀이 죽어서 말했다.

"이런 것을 생각해 보거라." 어머니가 말씀하셨다.

"네 이름이 온갖 매스컴을 장식하고 네 모습이 TV에 나오는 것을 생각해 봐라. 굴러 들어오는 돈은 말할 것도 없고 말이야."

"알아요, 엄마." 한참 동안 입을 다물고 있던 로비가 말했다.

"그렇지만 전 제가 그런 것들을 반드시 해야 하는지 확신이 서지 않아요."

두 사람은 침묵에 빠졌다.

다시 한번 긴 침묵이 흐른 후 마침내 입을 연 것은 엄마였다.

"로비야, 문제가 뭔지 내가 말하겠다. 이것은 정말 네가 선택해야만 할 문제야."

 학습 목표

- 인생에서 가장 소중하게 여기는 것에 대해 생각해 볼 수 있다.
- 여러 가지 중요한 인간의 가치들에 관해 배운다.

 학습 활동

⑴ 이야기 읽기

인생에서 가장 중요한 가치는 무엇일까요?
이야기 "네가 선택해라"를 읽고 인생에서 가장 중요한 가치에 관하여 알아봅시다.

⑵ 의견 펼치기

로비에게는 선택해야 할 어려운 문제가 있습니다. 그는 자신이 일생 동안 실제로 원하는 바가 무엇인지를 결정해야 합니다.

- 로비가 수영 훈련을 계속해야 하는지의 여부를 놓고, 친구와 서로 다른 의견을 펼치는 대화를 만들어보세요. 앞의 이야기를 더 전개시키거나 글로 적어보아도 됩니다. 여러분은 로비가 아닌 다른 사람, 예를 들어 학교 친구, 수영 코치, 어머니, 교사 등의 입장에서 의견을 펼치는 대화를 만들 수가 있습니다.

(3) 이유 대기

여러분이 만든 대화를 친구들에게 발표하고 서로 이야기해 보세요. 그리고 로비가 직면한 어려운 선택에 관하여 생각해 보세요.

• 여러분이 생각하기에 로비가 다음과 같은 결정을 내리게 될 경우 그 이유들이 무엇일까 열거해 보세요.

훈련을 계속한다	훈련을 그만둔다

(4) 토론

여러분이 열거한 가치들을 발표하고 친구들과 함께 의견을 나누어보세요.

• 일반적으로, 여러분이 생각하기에 그 가치들 중에 어느 것이 인생에서 가장 중요합니까? 그 이유는 무엇입니까?
• 인생에서 그밖에 어떤 일이 중요합니까? 그 이유는 무엇입니까?
• 여러분은 이제 로비가 해야 할 일이 무엇이라고 생각합니까? 그 이유는 무엇입니까?

(5) 조사 발표

    5~6명의 사람들을 대상으로, 그들이 생각하기에 인생에서 가장 중요한 일이 무엇인지 물어보세요. 설문조사를 할 때는 진지하게 대답을 해줄 사람을 선택해야 하며, 연령과 성별을 적절히 고려해야 합니다. 조사 내용을 기록하여 발표해 보세요. 이러한 조사 활동을 통하여 여러분이 내릴 수 있는 결론은 무엇인가요?

☆ 더 생각해 볼 문제

Q.1. 인생에서 무엇을 원하는지에 관해 사람들이 중대한 결정을 내려야 하는 때가 있나요? 있다면, 그에 대한 목록을 만들어보세요. 여러분이 생각하기에 그 가운데 무엇이 가장 중요할까요? 또 그 까닭은 무엇일까요?

Q. 2. 여러분은 학교 성적이 얼마나 중요하다고 생각합니까? 학교에서의 좋은 성적이 인생의 다른 중요한 것들과 비교해 볼 때 어떻다고 생각하나요? 또 그 까닭은 무엇인가요?

Q. 3. 여러분은 부모님을 기쁘게 해드리는 일이 얼마나 중요하다고 생각합니까? 또 그 까닭은 무엇인가요?

Q. 4. 부모님은 여러분에게 가장 좋은 것이 무엇인지 언제나 알고 있다고 생각합니까? 만일 그렇다면, 그 까닭은 무엇인가요? 만일 그렇지 않다면, 또 그 까닭은 무엇인가요?

Q. 5. 지금 당장은 하기 싫지만 나중에 우리에게 소중한 것으로 드러나는 경우가 있습니다. 예컨대 치과에 가는 일이 그러하지요. 이와 같은 또 다른 경우를 생각해 낼 수 있습니까?

Q. 6. 어떤 사람들은 큰돈을 벌게 되면 자신의 삶이 훨씬 더 좋아질 것이라고 생각합니다. 여러분도 이에 동의하나요? 만일 그렇다면, 그 까닭은 무엇인가요? 만일 그렇지 않다면, 또 그 까닭은 무엇인가요?

Q.7. 텔레비전이나 잡지들에서 가치 있는 것들을 찾을 수 있나요? 그러한 것들이 인생에서 정말 중요한 것이 무엇인지에 관해 확실하게 보여준다고 생각하나요? 그러한 것들이 문제가 되기도 하나요? 만일 그렇다면, 혹은 그렇지 않다면, 각각 그 까닭은 무엇인가요?

Q.8. 어느 한 사람이 행복을 위해 필요하다고 생각하는 것과 또 다른 사람이 행복을 위해 필요하다고 생각하는 것이 서로 충돌하는 경우가 있을 수 있다고 생각합니까? 만일 그렇다면 몇 가지 예를 들어보세요. 그리고 그와 같은 상황들에서 어떻게 하면 좋을지 말해 보세요.

Good
Thinking

4

기계스의 반지

기게스의 반지

　오래 전에 리디아의 왕을 섬기는 기게스라는 양치기가 있었다. 기게스가 양을 돌보러 나간 어느 날 폭풍이 몰아쳤다. 폭풍이 치면서 땅이 갈라지는 지진이 일어나 구멍이 생겼다.

　그 구멍에 굴러 떨어진 기게스는 속이 텅 빈 금속 말을 보았다. 그 말 안에는 순금반지를 끼고 있는 시체가 들어 있었다. 기게스는 그 시체의 손가락에서 금반지를 빼어 자기 손에 끼고 땅으로 기어올라 왔다.

　약 한달 후, 기게스는 양떼의 상태를 보고하기 위하여 동료 양치기들과 함께 왕의 궁궐로 갔다. 그곳에서 그는 우연히 금반지에 붙어 있는 보석을 돌렸는데, 그러자 그가 안 보이게 되었다! 같이 모여 있던 다른 사람들은 마치 그가 거기에 없는 것처럼 행동하기 시작했다. 기게스는 놀랐다. 잠시 뒤 그는 다시 그렇게 해보았고 결과는 똑같았다. 그 후 그는 서너 번 더 그렇게 해보았는데, 항상 똑같았다. 그 보석을 안쪽으로 돌릴 때마다 그는 안 보이게 되었고, 그 보석을 다시

바깥쪽으로 돌리면 다시 나타났다.

기게스는 자기의 행운을 믿을 수가 없었다. 그는 자신을 안 보이게 함으로써, 남몰래 하고 싶었지만 발각될까 봐 차마 하지 못했던 일들을 무엇이나 할 수가 있었다. 그는 다음과 같이 혼잣말을 하였다.

"아무도 내가 무슨 짓을 했는지 모른다면, 나는 그것에 대해서 처벌받지 않을 수 있을 것이다."

그리하여 기게스는 그 반지의 힘을 최대한 이용하였다. 그는 언제나 바라던 모든 일을 하였다. 그는 왕을 죽이고 왕비와 결혼하였다. 그런 다음, 왕국에 지배자가 없어지자, 스스로 왕이 되기 위하여 반지의 힘을 이용하였다. 이제 그는 더 이상 가난한 양치기 기게스가 아니라 세상에서 가장 강력한 왕국의 지배자인 리디아의 왕 기게스였다.

자, 여러분도 똑같은 일을 해보고 싶지 않으세요?

[플라톤의 『국가』에서 번안]

🍎 학습 목표

- 바르게 행동해야 하는 이유들을 잘 알 수 있다.
- 벌을 받지 않는다면 무슨 짓을 해도 되는지 생각해 본다.
- 비행(非行)과 관련된 감정들에 관해 곰곰이 생각해 본다.

🌼 학습 활동

(1) 이야기 읽기

발각되지 않으면 어떠한 행동을 해도 될까요? 행동을 하는 데는 반드시 어떠한 이유가 있어야 하나요? "기게스의 반지" 이야기를 읽고 이와 같은 문제를 생각해 봅시다.

(2) 브레인스토밍

기게스의 반지 같은 것을 발견했다고 상상해 봅시다.

- 반지를 가지고 어떤 종류의 일을 하고 싶나요?
- 어떤 느낌을 갖게 될 것이라고 생각하나요?

(3) 이유 대기

다음은 누군가 그와 같은 힘을 지닌 반지를 갖게 되면 할지도 모르는 일련의 일들입니다. 발각되어 벌을 받지만 않는다면 해도 괜찮을 것이 있나요?

1. 심하게 장난치기
2. 시험볼 때 커닝하기
3. 벌거벗은 상태로 일광욕하기
4. 가게에서 물건 훔치기
5. 버스나 기차에 몰래 무임승차하기
6. 밤늦게까지 집에 들어가지 않기
7. 사람을 마구 때리기
8. 다른 사람 몰래 조사하기

- 친구와 함께 위의 항목들을 살펴보세요. 그것들 가운데서 발각되지 않는다면 할 수 있는 것들은 어떤 것들이 있나요? 그 이유는 무엇인가요?
- 비록 여러분이 발각되지 않는다 하더라도 하지 말아야 할 것들이 있나요? 만일 그렇다면, 무엇인가요? 왜 사람들은 그와 같은 행동을 하기를 피할까요?

⑷ 토론

여러분의 생각을 친구들과 서로 이야기하고 생각해 봅시다.

- 처벌 여부에 관계없이 바르게 행동해야 하는 이유는 무엇일까요? 얼마나 많은 이유들을 생각해 낼 수 있나요?
- 우리가 행동을 잘해야 할 이유들이 있을까요?

여기 그에 대한 몇 가지 예시적인 답들이 있습니다. 이에 대해 여러분은 어떻게 생각하나요? 여러분 생각에 자기중심적인 이유들이라 여겨지는 것을 골라보세요. 그리고는 여러분의 답을 다른 친구들의 답과 비교해 보세요. 어느 쪽으로든 결정하기 어려운 것이 있나요? 만일 그렇다면, 여러분은 그것이 왜 그렇다고 생각하나요?

1. 나쁜 행동은 그냥 그를 뿐이다.
2. 사람들이 나의 나쁜 행동을 알게 된다면, 그들은 나를 싫어할 것이다.
3. 나쁜 행동을 하게 되면 우리 자신의 기분도 좋지 않을 것이다.
4. 나에게 나쁜 행동을 하는 사람이 있다면 나 자신이 그를 싫어할 듯하다.
5. 우리가 나쁜 행동을 하게 되면 다른 사람들에게 피해를 줄 수 있다.
6. 나쁜 행동은 다른 사람에게 온당치 못한 일이다.

7. 만일 모든 사람이 나쁜 행동을 하게 된다면, 이 세상은 엉망진창이 될 것이다.
8. 만일 우리가 나쁜 행동을 한다면, 우리 스스로 자존심을 잃게 될 것이다.
9. 좋은 행동은 사회 전체의 선을 위한 것이다.

(5) 요점 논술

다음은 늘 나쁘다고 여겨지는 것들입니다. 이런 것들을 행하는 것이 나쁜 이유들을 모두 적어보세요.

a. 도둑질
b. 동물 학대
c. 소문 퍼뜨리기
d. 나눠 갖지 않음
e. 약속위반

☆ 더 생각해 볼 문제

Q.1. 이와 같은 반지를 갖고 싶은가요? 그렇다면 그 이유는, 혹은 그렇지
않다면 그 이유는 무엇인가요?

Q.2. 기게스는 왜 반지를 다른 사람들을 돕는 데 사용하지 않았다고 생각
합니까?

Q.3. 이 이야기는 인간성에 대해 무엇을 말해 준다고 생각합니까?

Q.4. 이 이야기 작가는, 왜 속이 비어 있는 금속 말이나 순금반지와 같은
것들을 세세하게 묘사하여 상상 속의 이야기들을 만들려고 했을까
요?

Q.5. 학생들은 발각될지도 모르는데 왜 학업 성적을 감히 속이려 한다고 생각합니까?

Q.6. 어른들은 어떤 종류의 유혹을 가지고 있다고 생각합니까? 그것들이 어린이들이 가지고 있는 것들과 다르다고 생각하나요? 그렇다면, 어떻게 다른가요?

Q.7. "지은 죄는 반드시 탄로나기 마련이다"라는 말이 있습니다. 이 말은 누군가 나쁜 짓을 저지르고 붙잡히거나 벌을 받지 않을지라도, 언젠가는 반드시 그 대가를 지불하게 된다는 뜻입니다. 이 말이 참이라고 생각합니까? 그렇다면 그 이유는, 혹은 그렇지 않다면 그 이유는 무엇입니까?

Good Thinking

5

말할 기회

말할 기회

　금요일 오후였습니다. 선생님이 반 아이들에게 부모님께 갖다드리라고 안내 편지 한 통씩을 나누어주었습니다.

　끝나는 벨소리가 울리기를 기다리고 있을 때, 제인이 그 편지 봉투를 열고 내용을 읽어보았습니다. 그것은 학교 수업시간의 변경에 관한 안내문이었습니다. 그 내용은 수요일과 목요일에 30분씩 수업시간을 연장한다는 것이었습니다. 편지는 그러한 계획의 배경을 설명하고, 학부모의 생각을 묻는 내용이었습니다.

　제인은 화가 났습니다. 더 이상 참을 수가 없었습니다.

　"선생님!" 하고 제인이 크게 말했습니다.

　"학교 끝나는 시간을 30분 늦추는 것은 안 돼요."

　"제인, 그 편지는 너희 부모님께 보내는 것이야." 선생님이 말했습니다.

　"너는 그 봉투를 뜯어보면 안 돼."

　"선생님, 저도 그런 것쯤은 알아요." 하고 제인이 말했습니다.

"하지만 그런 식으로 할 수는 없어요. 편지에 뭐라고 써 있지요? 우리 마을은 학교에서 아주 멀어서 집에 도착하는 데 시간이 많이 걸린다구요."

"그렇다면 다른 방법을 찾아야 할 것 같구나." 하고 선생님이 나직이 말했습니다.

"그러지 못하면 어쩌지요?" 화가 난 것 같은 목소리로 제인이 말했습니다.

"더구나 어린 남동생이나 여동생을 집에 데려 가야 하는 애들은 어떻게 하구요? 뿐만 아니라, 집에 아프거나 보살펴 줘야 할 사람이 있는 애들도 있지 않은가요?"

"네 또래의 애들이 그런 일까지 맡을 필요는 없어."

"학교에서 아이들을 집에 데려가거나 아픈 사람을 돌보는 일은 어른들이 해야 할 일이지." 선생님은 단호하게 말했습니다.

"선생님, 중요한 것은 그게 아니라구요." 제인이 말했습니다.

"그렇다면, 중요한 게 뭐지?" 난처한 표정으로 선생님이 물었습니다.

"문제는 이런 식으로 수업시간을 변경할 수는 없다는 점이죠." 제인이 말했습니다.

"이런 식이라니?" 선생님이 물었습니다.

"그 문제에 대해 우리에게 말할 기회를 안 주셨잖아요." 하고 제인이 거침없이 말했습니다.

제인은 잠시 생각해 보고 나서 물었습니다.

"선생님, 우리가 그 문제에 대해 월요일 날 토론해 보면 어떨까요?"

"제인, 학교 수업시간 문제는 어른들이 논의해야 할 문제가 아니니?" 선생님이 말했습니다.

"그 문제는 너희들이 끼어들 여지가 없는 문제이고 말고."

바로 이때 교실 뒤쪽에서 어떤 목소리가 들렸습니다.

"토론하느라고 시간을 허비하지 맙시다. … 대충 넘어갑시다."

다른 누군가가 무슨 말을 꺼내기도 전에 벨이 울렸습니다. 주말을 맞으며 아이들은 가방을 싸서 교실을 빠져나가 집으로 향했습니다.

🍎 학습 목표

- 토론에 대한 생각에 익숙해질 수 있다.
- 학교 내외에서 벌어지는 토론의 가치에 대해 생각해 본다.
- 토론을 할 권리가 있는 문제들이 무엇인지 생각해 본다.

😊 학습 활동

(1) 이야기하기

대개 사람들은 자연스레 이야기를 하게 됩니다. 우리는 종종 생각 없이 말을 하는 때가 있습니다.

- 여러분이 오늘까지 이야기를 했던 모든 사람들을 생각해 내보세요. 얼마나 많은 사람들을 떠올릴 수 있나요?
- 어떤 일로 말을 했습니까? 왜 말을 했습니까? 누가 말을 먼저 시작했습니까?

다음 표에 이야기했던 사람과 말한 내용 그리고 말을 먼저 시작한 사람을 적어보세요.

여러분이 말한 상대	말한 내용	말을 먼저 시작한 사람

⑵ 이유 대기

친구들과 서로 이야기하고 생각해 봅시다.

• 일반적으로 사람들은 왜 말을 하나요? 말을 하는 이유에는 어떤 것들이 있나요?

⑶ 이야기 읽기

말에는 여러 가지 형태와 이유가 있습니다. 이야기 "말할 기회"를 읽고 더 많은 말의 유형과 이유를 알아봅시다.

⑷ 토론

친구들과 방금 읽은 이야기에 대해 의견을 나누어보세요.

• 선생님은 학생들에게 수업시간 변경에 관해 토론을 하도록 허락해야 하나요? 그 이유는 무엇인가요? 또 그렇지 않은 이유는 무엇인가요? 각자 찬성하거나 반대하는 입장에서 표에 의견을 써서 친구들과 서로 토론을 해보세요.

찬반 논쟁거리

찬 성	반 대

- 이와 같은 토론을 통해서 여러분은 어떤 것들을 배운다고 생각하나요? 배운 점을 이야기해 보세요.

(5) 요점 논술

"토론을 하느라고 시간을 허비하지 맙시다"라고 말한 학생에게 제인은 뭐라고 말해야 한다고 생각하나요?

- 여러분이 제인이라고 상상해 보고 그 학생에게 무슨 말을 할지 적어보세요.

⭐ 더 생각해 볼 문제

Q.1. 토론을 하는 것이 중요한 과목은 어떤 것인가요? 그 이유는 무엇인가요?

Q.2. 토론을 할 때는 규칙이 반드시 있어야 한다고 생각하나요? 만일 그렇다면 어떤 규칙들이 있어야 하나요? 왜 그런가요?

Q.3. 가끔 어떤 사람은 토론을 하는 것이 '적절하지' 않다고 말합니다. 이것은 무엇을 뜻한다고 생각하나요? 여러분은 이에 동의합니까? 그 이유와 그렇지 않은 이유를 말해 보세요.

Q.4. 학교 당국이 학생들의 의견을 고려해야만 하는 것에는 어떤 것들이 있습니까? 왜 그런가요?

Q.5. 학생들의 자치 기구들을 두는 것이 좋다고 생각합니까? 그 이유와 그렇지 않은 이유는 무엇인가요?

Q. 6. 어떤 사람의 감정을 상하게 하는 문제와 같이, 학교에서 토론하지 않는 것이 차라리 더 나은 경우가 있습니까? 그렇다면 어떤 경우인가요? 그 예를 들어보세요.

Q. 7. 몇 살부터 어린이들을 토론에 참여시킬 수 있다고 생각합니까? 왜 그렇게 생각하나요?

Q. 8. 여러분은 집에서 가족들과 어떤 것을 가지고 토론을 합니까? 여러분은 충분히 토론하도록 허락된다고 느끼나요? 그렇다면 왜 그런가요? 아니면 왜 안 그런가요? 여러분의 가족은 이 점에 관해서 어떻게 생각하나요?

Good
Thinking

6

논쟁을 그만둬

🍎 학습 목표

• 논쟁과 싸움의 차이를 구별할 수 있다.
• 타당한 논증의 특징들을 잘 알 수 있다.

🌼 학습 활동

(1) 브레인스토밍

이 단원은 논쟁에 관한 것입니다.

• 집이나 학교 혹은 다른 곳에서 논쟁을 그만두라는 말을 들은 적이 있나요? 그 이유는 무엇이었나요? 무엇에 관해 논쟁을 벌였었나요? 여러분이 논쟁을 벌였던 경험을 글로 적어보세요.

(2) 토론

여러분이 적은 글을 가지고 친구들과 서로 이야기해 보세요.

• 논쟁하는 것은 나쁘다고 생각하나요? 그렇다면 혹은 그렇지 않다면 그 이유는 각각 무엇인가요?

(3) 세 가지 방법으로 말하기

여러분은 아마도 논쟁에는 좋은 방식과 나쁜 방식이 있다는 것을 알고 있을지도 모릅니다.

다음과 같은 연습을 해보면서 타당한 논쟁 방법과 타당하지 않은 논쟁 방법의 차이를 구별해 보세요.

우선 친구들과 논쟁을 벌일 만한 주제를 선정합니다. 미리 준비한 논쟁 목록에서 친구들과 의논하여 주제를 선정하는 것이 아마도 가장 좋을 것입니다.

그리고 나서 다음 세 가지 방법으로 토론을 해보세요.

방법 1. 자기 주장을 끝까지 우기며 말싸움을 한다. 서로 간에 말을 불친절하게 한다.

방법 2. 다른 사람을 서로 존중하며 다정하게 말을 한다.

방법 3. 서로의 의견에 비판적이면서도 바람직한 결론을 내기 위해 노력한다.

• 위 세 가지 방법으로 토론한 결과 각각 어떤 느낌이 들었나요?

(4) 요점 논술

사람들이 논쟁을 잘하고 있다는 것을 무엇을 보고 알 수 있나요? 논쟁을 잘하고 있다는 것을 알 수 있는 점들을 열거해 보세요. 가장 중요한 것이 무엇이라고 생각하나요? 그 이유는 무엇인가요?

☆ 더 생각해 볼 문제

Q.1. 효과적으로 논쟁하는 방법을 배울 수 있도록 도와주기 위해 할 수 있는 일에는 무엇이 있을까요? 몇 가지 예를 생각해 보세요. 이런 일을 할 책임은 누구에게 있을까요? 부모? 교사? 아니면 누구에게 그 책임이 있을까요?

Q.2. 자신이 옳다는 것을 분명히 알면서도 자기 주장을 잘하지 못하는 사람이 있습니다. 여러분은 왜 이런 일이 생긴다고 생각하나요? 이런 학생들이 자기 주장을 좀더 확실하게 잘할 수 있으려면 어떻게 해야 할까요?

Q.3. '논쟁을 위한' 논쟁을 즐기는 사람들이 있는 것 같지 않나요? 이런 일이 생기는 이유가 무엇이라고 생각하나요? 토론할 때 이렇게 하지 못하게 하려면 어떻게 해야 할까요?

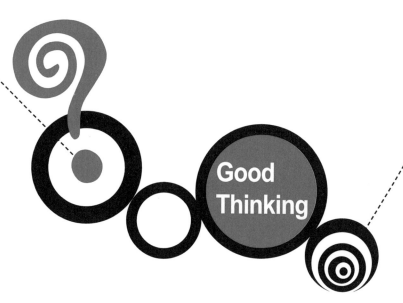

Good
Thinking

7

교복 문제

교복 문제

성 크리스핀(St Crispin's) 고등학교의 교장인 웨스트우드 선생님은 최근 학교와 관계된 사람들에게 교복에 관해 의견을 물었다. 그들이 말한 것들은 다음과 같다.

찬 성

"교복이란 우리 학생들이 원하지 않는 옷을 강제로 입게 하는 것이라는 것쯤은 나도 잘 알아요. 그러나 부유한 아이들이 사치스런 옷을 입고 으스대는 것에 비하면 그렇게 나쁘지 않아요." (티파니, 학생, 11세)

"나는 교복이 좋기 때문에 학교 교복에 찬성해요." (토드, 학생, 12세)

"우리가 어렸을 적에 교복이 무척 좋았으니까, 오늘날 젊은애들에게도 무척 좋을 것입니다." (핀터, 학교 관리인, 52세)

"그 소중한 교복을 없애버린다니, 그보다 더 고약한 행동이 어디 있나요? 옷이 사람을 만듭니다." (파울러, 영어주임교사, 54세)

"교복은 학생들을 정말 단정하게 보이게 하지요." (존, 미술교사, 39세)

"만일 아이들에게 맘대로 옷을 입게 한다면, 아이들은 자기들 맘대로 무엇이나 할 수 있다고 생각할 것입니다. 그렇게 되면 무슨 일이 생기게 될까요?" (나렌드라, 학생, 12세)

반 대

"그건 아주 어리석은 일이 아닐까요?" (니키, 학생, 15세)

"선생님들은 학생들이 교복을 입으면 더 좋게 행동한다고 생각해요. 하지만 교복은 우리의 생각을 제약해서 우리의 행동을 제약하게 만들지요." (프레디, 학생, 13세)

"그 나이의 아이들은 쑥쑥 자라기 때문에 옷이 맞지 않아서 새 옷을 필요로 하지요." (웰즈, 학부모, 44세)

"교복은 다른 옷들에 비해 두 배나 비싸다구요. 믿지 못하겠으면 가게에 가보세요." (델폰트, 학부모, 47세)

"선생님들은 유니폼을 입지 않는데, 왜 우리는 입어야 되지요?" (스코트, 학생, 14세)

"교복 입은 죄수같이 보여요." (페르마, 교사, 27세)

🍎 학습 목표

• 자기 견해에 대하여 근거를 제시할 수 있는 것이 얼마나 중요한지 생각해 본다.
• 좋은 근거가 어떤 것인지 생각해 본다.
• 도덕적 추론의 일반적 형태를 검토해 본다.

🌼 학습 활동

(1) 의견 조사

이 단원은 근거에 관한 학습으로 타당한 근거가 어떤 것인가를 다룹니다. 모든 사람은 여러분이 자신의 의견에 대한 근거를 말하는 의도를 압니다. 그러나 어떤 근거들은 다른 근거들보다 더 좋다는 것을 아나요? 어떤 근거를 타당한 근거로 만들고 빈약한 근거로 만드는 것은 무엇이라고 생각하나요? 이를 알아보기 위해 교복 문제에 대한 의견 조사를 살펴보세요.

(2) 내용 살피기

교복에 관해 여러분이 발표할 내용을 생각해 보세요. 그리고 친구들과 같이 서로 이야기해 보세요.

• 친구들이 발표하는 것을 다음과 같이 분류해 적어보세요.

타당한 근거들	빈약한 근거들	전혀 근거가 되지 못하는 것들

⑶ 논의하기

여러분의 생각을 친구들과 함께 논의해 보세요.

• 일반적으로 어떤 근거를 타당한 근거로 만드는 것은 무엇이라고 생각하나
요? 얼마나 많은 서로 다른 관점들을 생각할 수 있을까요? 친구들이 발표한
근거들을 가지고 서로 논의해 보세요.

⑷ 근거 찾기

종종 여러분이 맞닥뜨리게 되는 근거들이 있습니다. 그러한 근거들 중 하나가
소위 '위험한 비탈길' 즉 '중대한 결과를 초래하기 때문에 반대하는 근거 제시'
논증입니다. 이 논증은 누군가 어떤 것을 반대하는 것은, 그 자체가 나빠서가 아
니라 그것이 더 나쁜 결과를 가져오기 때문이라는 것입니다. 예를 들면, '중독성
이 없는' 환각제가 나쁜 것은 그것이 '중독성이 강한' 환각제를 합법화하는 결
과를 가져올 우려가 있기 때문이라는 것입니다. 이와 같은 더 많은 근거들을 찾
아보세요.

• 여러분은 교복 문제에 대한 진술들 가운데서 이와 같은 근거들을 찾을 수

있나요? 만일 그렇다면 어떤 것을 어디서 찾을 수 있나요?

- 그밖에 어떤 곳에서 이와 같은 근거들을 발견할 수 있을까요? 늦게까지 집에 돌아가지 않을 때와 같이 일상적인 상황들에 관한 목록을 작성해 보세요.

(5) 요점 논술

자신만의 조사를 해보세요.

- 쟁점이 되는 주제, 예를 들어서 5~6명의 친구들 부모님께 '아들을 낳을 것인지 딸을 낳을 것인지 선택하는 것이 옳은 일인가?' 와 같은 문제에 관해 그들의 생각을 물어보세요.
- 여러분이 모은 대답들을 검토하여 앞에서 한 것처럼 분류해 보세요. 예를 들면 타당한 근거, 빈약한 근거, 전혀 근거가 되지 못한 것들을 분류해 보세요.
- 이 조사를 통해 어떤 결론을 이끌어냈나요?

☆ 더 생각해 볼 문제

Q.1. 웨스트우드 선생님이 사람들에게 의견을 묻는 대신에 투표를 했더라면 더 나았을 것이라고 생각하나요?

Q.2. 일간신문의 독자투고 난에서 몇 가지 글을 발췌해 봅시다. 독자들의 의견을 지지하는 근거들을 확인해 볼 수 있나요? 앞에서와 같이 그 근거들을 분류해 보세요.

Good
Thinking

8

나를 억지로 설복시키려고 하지 마

나를 억지로 설복시키려고 하지 마

앨리 : 진심이야!

크리스 : 내가 안 된다고 그랬잖아. 그렇지?

앨리 : 왜 안 돼?

크리스 : 마음이 내키지가 않으니까.

앨리 : 겁쟁이 같으니라구!

크리스 : 헛수고 그만해.

앨리 : 누구나 그래.

크리스 : 나는 그렇지 않아. 어쨌든 난 하지 않겠다고 약속했어.

앨리 : 넌 전에 어떤 약속을 어긴 적이 있어. 안 그러니?

크리스 : 그것은 이 문제와 관련이 없어. 누군가 알 수밖에 없고 그러면 말한
　　　　다구.

앨리 : 아니야. 말 안해.

크리스 : 말 안한다는 것을 너는 어떻게 아니?

앨리 : 그럼, 말할 거라는 걸 네가 어떻게 알아? 증명할 수 있어?

크리스 : 물론 그럴 수야 없지.

앨리 : 넌 바로 그런 애야.

크리스 : 바보 같은 소리 그만해!

앨리 : 난 바보가 아니야. 나를 믿으라구.

크리스 : 내가 왜 너를 믿어야 하니?

앨리 : 만일 네가 진정으로 나의 친구라면 나를 믿어야 되지.

크리스 : 이봐, 보아하니 무슨 수작을 부리려는지 알겠어.

앨리 : 내가 무슨 수작을 부리려 한다는 거니?

크리스 : 넌 내가 원하지도 않는 것을 시키려 하고 있어.

앨리 : 그게 뭐가 잘못되었는데? 너의 어린 동생이 스케이트장에 갔을 때를
　　　생각해 봐.

크리스 : 그래, 그게 어떻다는 거니?

앨리 : 맨 처음에 걔는 얼음 위로 걷는 것을 몹시 두려워했어. 걔가 얼음 위를
　　　걷는 데는 많은 시간이 걸렸어. 그러나 결국 나중에는 스케이트장에 가
　　　는 것을 정말 즐거워했잖아.

크리스 : 그건 다른 얘기야.

앨리 : 뭐가 다른 건데?

크리스 : 설명을 잘할 수는 없어. 하지만 그건 전혀 다른 얘기야.

앨리 : 만일 네가 설명할 수 없다면, 너는 아무런 이유도 갖지 못한 것이야.

크리스 : 그만좀 해, 제발.

앨리 : 뭘 그만해?

크리스 : 그렇게 부당한 짓을 그만두란 말이야.

앨리 : 좋아, 내가 어떻게 부당한지 말해 봐… 만일 어째서 내가 부당한지 말
하지 못한다면, 내가 부당할 리가 없지.

🍎 학습 목표

- 남을 설득하는 몇 가지 속임수들에 대해 잘 알 수 있다.
- 정당한 논증방식과 부당한 논증방식에 대해 생각해 본다.
- 동료들이 가하는 압박의 성격을 알아본다.

🌸 학습 활동

(1) 이야기

이 단원은 설득에 관한 것입니다. 그리고 사람들이 우리를 억지로 설복시키기 위하여 사용하는 속임수에 관한 것입니다. 더 자세히 알아보기 위해 "나를 억지로 설복시키려고 하지 마"를 읽어보세요.

(2) 내용 살피기

앨리와 크리스가 어떤 인물이라고 생각합니까? 그들이 이야기하고 있는 내용이 무엇이라고 생각하나요?

그들은 어떤 인물인가?	그들은 무엇에 관하여 이야기하고 있는가?

(3) 이유 대기

앨리는 크리스가 나쁘다고 생각하는 일을 하라고 설득하고 있는 중입니다. 다음 문제를 생각해 보세요.

- 앨리는 어떻게 크리스를 억지로 설득시키려고 하나요? 얼마나 많은 술수를 사용하고 있나요? 적어보세요.
- 여러분은 앨리가 이렇게 크리스를 억지로 설복시키려 하는 게 정당하다고 생각합니까? 그렇게 생각한다면 혹은 그렇게 생각하지 않는다면 그 이유는 각각 무엇입니까?

(4) 토론

사람들은 우리를 억지로 설득시키기 위하여 여러 가지 술수를 사용합니다. 사람들이 흔히 사용하는 설득 술수에는 다음과 같이 세 가지가 있습니다.

설득 술수들		
사실 왜곡	=	어떤 이야기의 반만 그대로 이야기하는 것
그릇된 논리 사용	=	부정확한 생각
감정 이용하기	=	사람들을 기분 좋게 하거나 스스로 만족하게 함 또는 사람들을 기분 나쁘게 하고 죄책감을 느끼게 하거나 의욕을 떨어지게 함

- 이런 술수들 중 앨리가 사용하고 있는 것은 어느 것인가요?
- 사람들이 이와 같이 설득의 속임수를 사용하는 다른 상황들을 생각해 내어 보세요. 여러분은 다른 속임수를 얼마나 많이 생각해 낼 수 있나요? 적어봅 시다.

(5) 요점 논술

어떤 사람이 누군가에게 그가 나쁘다고 생각하는 일을 하도록 설득하고 있는 글을 대화글을 넣어 써보세요. 아니면 그가 옳다고 생각하는 일을 하지 못하도 록 설득하고 있는 글을 대화글을 넣어 써보세요. 글을 쓸 때, 가능한 한 많은 설 득의 술수를 사용하여 쓰세요. 여러분이 사용한 술수들 각각에 강조 표시를 하 거나 설득 술수의 이름을 붙여도 좋습니다.

☆ 더 생각해 볼 문제

Q. 1. 왜 사람들은 때때로 부당한 방법으로 자기 주장을 한다고 생각하나 요? 그것에 대해 얼마나 많은 이유들을 찾아낼 수 있나요?

Q. 2. 왜 사람들은 때때로 다른 사람들이 자기가 기대하는 대로 반드시 해 야 한다고 느끼나요?

Q.3. 부당한 설득에 대처하는 최선의 방법은 무엇일까요? 여러분이 취할 수 있는 행동이나 말을 제시해 보세요.

Q.4. 누군가가 이런 식으로 여러분을 억지로 설득시키려고 한 적이 있습니까? 만일 그렇다면 어떤 종류의 논증들을 사용했나요? 여러분은 그것에 대해서 어떻게 대처했나요?

Q.5. 여러분은 이와 같은 설득의 술수들을 사용한 적이 있습니까? 그렇다면 언제였나요?

Q.6. 다른 사람들을 설득하는 것은 정치가와 같은 그런 직업에서는 중요한 일입니다. 그러한 직업에는 어떤 것들이 있습니까? 이러한 일을 하는 사람들의 주장을 공정하게 할 수 있도록 해주는 것은 무엇인가요?

Good
Thinking

9

아지트

아지트

루벤 패거리 숫자는 일정치 않았다. 보통은 4명 또는 5명이었다. 그들 모두는 그 지역 초등학교 같은 반 친구들이었다. 때때로 다른 마을에 있는 학교에 다니지만 인근에 사는 소년 2명과도 함께 어울렸다.

여름방학 동안 그 패거리들은 그들이 사는 집 뒤편 공터에 아지트를 만들었다. 그것은 다른 사람들이 모르는 그들만의 비밀 장소였다.

그러나 아지트가 만들어지자 문제들이 생겨났다. 무엇보다도 빌리가 그의 여동생에게 아지트에 관해 말을 한 것이다.

루벤은 빌리에게 패거리가 아닌 여자아이에게 아지트에 대해 말한 것은 잘못이라고 했다. 빌리는 아무도 없을 때 그의 여동생과 그녀의 친구들이 아지트를 지킬 것을 약속했기 때문에 좋을 거라고 생각했다고 말했다.

다음에 일어난 일은 톰이 아지트 모퉁이에 불을 밝히려고 한 것이었다. 루벤은 무슨 일이 일어날지 겁이 났고 골치 아픈 일이 생기게 될지도 모른다고 생각

했다. 그는 톰이 다른 사람들에게 아지트가 발각되게 하여 일을 망치게 한다고
말했다. 톰은 전혀 그렇지 않다고 말했다. 그는 자기가 한 행동을 알았으며 작은
불은 해가 되지 않는다는 것을 알았다.

　루벤은 몹시 화가 났다. 왜 다른 아이들은 좀더 공정하게 행동하지 못하는 것
일까? 그는 패거리들에게 필요한 건 약간의 규칙이라고 말했다.
　그러나 어찌되었든 그들이 규칙들을 만들려고 할까?

🍎 학습 목표

- 규칙을 만드는 여러 가지 방식을 탐구할 수 있다.
- 민주적 의사 결정 방식을 알 수 있다.

😊 학습 활동

(1) 이야기

규칙이란 어떻게 만들어지며 또한 그것이 공정하게 만들어졌는지에 대해 알아보기 위해 이야기 "아지트"를 읽어보세요.

(2) 내용 살피기

친구들과 아지트에 필요한 규칙을 어떻게 만들어야 할 것인지 이야기해 보세요.

- 규칙을 가장 공정하게 만드는 방법에는 어떤 것들이 있다고 생각합니까? 그 이유는 무엇인가요?

(3) 이유 대기

- 또래 친구 패거리들이 규칙을 만드는 방식과 청소년 클럽 등에서 규칙을 만드는 방법이 어떻게 다르다고 생각하나요? 그 예를 적어보세요. 이러한 차

이점들이 생기는 이유가 무엇이라고 생각합니까?

패거리	청소년 클럽

- 가장 중요한 차이는 어느 것이라고 생각하나요? 그 이유는 무엇인가요?

(4) 토론

예를 들어 가정, 학교, 스포츠 클럽, 종교단체, 법원 등에서 가지고 있는 규칙들에 대해서 이야기해 보세요.

- 위의 예들 가운데 2~3가지 경우를 선택해서 그 규칙들이 어떻게 만들어졌는지 이야기해 봅시다.
- 이러한 규칙들이 좀더 공정하게 만들어질 수도 있다고 생각하지 않습니까? 만약 그렇다면 어떻게 하면 좋을까요? 여러분의 견해를 뒷받침할 수 있는 몇 가지 논거들을 생각해 보고 친구들과 함께 토론해 보세요.

(5) 요점

규칙을 만드는 한 가지 방법은 다수결로 정하는 것입니다. 다수결이 항상 공정한 것이라고 생각하나요? 다음의 다섯 가지 사항들에 대해 다수결이 최선의 방법인지 아니면 다른 방법이 있는지를 생각해 본 후 생각을 적어보세요. 만약 다수결이 최선의 방법이 아니라면 어떤 것이 최선의 방법이라고 생각하는지 적어보세요.

1. '중독성이 없는' 환각제를 합법화할 것인가?
2. 이민에 대해 어떤 제한을 가할 것인가?
3. 한 가족에 차 한 대씩만 소유하도록 제한할 것인가?
4. 흡연자들에게 자신의 건강관리를 위해 기금을 걸을 것인가?
5. 국회의원들에게 보수를 어느 정도 지불해야 할 것인가?

☆ 더 생각해 볼 문제

Q.1. 여러분은 규칙의 제정을 다른 사람들에게 맡기는 것이 최선일 때가 있다고 생각합니까? 그렇다면 왜 그런가요? 아니라면 왜 그렇지 않은가요?

Q.2. 학교에서와 같이 여러분 스스로 바꿀 수 없는 규칙들에 관해 이야기할 기회가 주어진다는 것이 유익하다고 생각합니까? 그렇다면 무엇이 유익하다고 생각하나요? 그것이 다만 여러분의 기분을 더 좋게 할까요? 어떤 점에서는 그것이 규칙들을 좀더 공정하게 만들지 않을까요? 그렇다면 어떻게 공정하게 만들까요?

Q.3. 규칙들이 어느 한 사람에 의해서 만들어지는 것이 최선일 수 있는 상황을 생각할 수 있나요? 그렇다면 어떤 상황이 그런가요?

Q.4. 사람들은 국회의원 선거처럼 자신들을 대신해서 규칙들을 만들 대표를 선출합니다. 이러한 경우 부적합한 사람이 선출되는 것을 막는 길은 무엇일까요?

Good
Thinking

10

특별 과제

특별 과제

금요일 오후였다. 게다가 이번 주말은 토비의 생일이기도 했다. 선생님은 아이들 몇몇이 빈둥거린다고 학급 전체 아이들에게 특별 과제를 내주었다. 선생님은 말썽을 일으킨 아이들을 알아낼 수는 없었지만, 그런 일을 하지 못하게 할 수 있는 유일한 방법은 이렇게 숙제를 내주는 것이라고 생각했다. 선생님은 전에는 먼저 경고를 주고 나서 이 같은 일을 하였지만, 이번에는 너무 피곤해서 그런지 그렇게 하지 않았다. 다른 선생님 가운데 아무도 이런 일 때문에 벌로 특별 과제를 내주는 분은 없었다. 다른 선생님들은 그냥 학급 전체 학생들에게 야단을 치거나 쉬는 시간에 몇몇 학생들을 남겨 벌을 주었다. 토비는 말썽을 부리는 그런 아이는 아니었다. 그러나 토비는 선생님에게 자신에게만 특별 면제를 해달라는 부탁은 하지 않기로 했다.

사촌들이 주말에 놀러 왔지만 토비는 그들과 별로 놀지 못했다. 사촌들이 공원에서 신나게 뛰어 노는 동안 토비는 방안에 처박혀서 특별 과제를 하느라 정신이 없었던 것이다. 다른 학생들은 10분 정도면 가볍게 해치울 수 있는 것도 토비에게는 한없이 시간이 걸렸다. 그는 평소 숙제를 하는 데 항상 동작이 느렸다. 그는 학급의 다른 학생들을 따라가기 위해 보충수업을 받았지만, 특히 글쓰기에서는 어려움이 많았다. 이런 문제 때문에 그는 선생님들이 자신을 좋아하지 않는다고 느꼈다. 지난 학기말에 선생님은 초콜릿 한 상자를 가져와 아이들에게 상으로 나눠주었다. 토비는 그때 보충수업을 받고 있었기 때문에 초콜릿을 한 개도 받을 수 없었다. 그는 특별 과제를 하기 위해 누구보다도 낑낑거리며 노력하였다.

월요일 아침이었다. 등교 길에 토비는 한 친구가 풀이 죽어 있는 것을 보았다. 그 친구는 숙제를 하지 못한 것 때문에 선생님께 꾸중을 들을까 봐 겁에 질려 있었다. 그 친구는 토비에게 숙제를 베껴 쓰게 보여달라고 사정했다. 그는 어떻게 해야 좋을지 몰랐지만 친한 친구였기 때문에 숙제를 베껴 쓰게 했다.

학교에 도착하자 선생님은 한 사람씩 숙제를 가지고 나오라고 말했다. 선생님은 몇몇 아이들이 부정한 짓을 했다는 소문을 듣고 남의 숙제를 베꼈거나 베끼도록 한 사람은 모두 자리에 남도록 명령하였다. 이때 토비는 정말로 죄책감을 느끼고 있었다. 그래서 그는 정직하게 행동하기로 마음먹고 자기 자리에 남았다. 앉아서 보니 자기 숙제를 베낀 친구가 숙제를 제출하려고 선생님의 책상 앞으로 가고 있는 것이 아닌가!

'저건 공정한 행동이 아닌데!' 라고 토비는 생각했다.

 **학습 목표**

- 여러 경우의 공정성에 대해 잘 이해할 수 있다.
- 공정성이란 사람들을 평등하게 대하는 것뿐만 아니라 불평등하게 대하는 것을 뜻할 수 있다는 것을 이해할 수 있다.

학습 활동

(1) 이야기

- 여러분이 불공정하게 대우를 받은 경우들을 생각해 보세요. 무엇이 불공정 했나요? 그때 어떤 기분이 들었나요?
- 여러분은 불공정한 여러 경우들 사이에서 어떤 유사점들을 찾을 수 있나 요? 그렇다면 그 유사점들은 무엇인가요?
- 여러분이 제시한 예들 가운데 어느 것이 가장 불공정하다고 생각하나요? 왜 그런가요?

친구들과 여러분의 생각을 서로 이야기해 보세요.

불공정하게 대우받을 때	불공정한 이유	그때의 기분

(2) 이야기 읽기

공정성에 관해 더 많은 것을 알기 위해서 이야기 "특별 과제"를 읽어보세요.

(3) 내용 살피기

- 토비가 '저건 공정한 행동이 아닌데!' 라고 했을 때 이 말이 나타내는 것은 무엇입니까? 이야기 속에는 얼마나 많은 불공정함이 있나요?
- 이야기 속의 불공정한 경우들 중에서 어느 경우가 가장 나쁜가요? 왜 그런가요?

(4) 토론

여러분이 생각한 것을 친구들과 토론해 보세요.

- 이야기에서 불공정한 것들을 모두 찾아 종류별로 분류할 수 있나요?
- 이것들은 앞에서 여러분이 제시한 불공정한 예들과 어떻게 비교되나요?
- 대체로 몇 가지 종류의 공정함이 있다고 생각합니까? 그것은 어떤 것들인가요?
- 어떤 종류의 공정함이 가장 중요한 것일까요? 왜 그럴까요?

(5) 요점 논술

다음 두 가지 활동 중 한 가지를 선택하세요.

- 토비가 지금 해야 할 일이 무엇이라고 생각하는지 근거를 들어가며 글을 써 보세요.
- 또는 불공정한 예들을 넣어 짧은 이야기를 써보세요. 서로 다른 형태의 불공정함이 여러분의 글 속에 포함되어 있는지 확인하세요. 여러분의 글에 들어 있는 각각의 불공정함에 대해서 밑줄을 긋거나 표시를 해보세요.

☆ 더 생각해 볼 문제

Q.1. 일부 학생이 잘못했다고 선생님이 전체 학생들에게 벌을 주는 것이 옳을까요? 그렇다면 혹은 그렇지 않다면 각각의 이유는 무엇인가요?

Q.2. 선생님이 학생들에 의해 불공정하게 대접받고 있다고 생각하나요? 만일 그렇다면 예를 들어보세요.

Q.3. 여러분의 학교가 어느 정도 공정하다고 생각합니까? 학교를 좀더 공정하게 만들려면 어떤 것을 변화시켜야 할까요?(인신 공격은 하지 마세요.)

Q.4. 아무도 살지 않는 섬에서 평생 동안 혼자 살고 있는 사람에게 여러분이 '공정함'에 대해 설명을 해야 한다고 상상해 보세요. 무슨 말을 해주겠습니까? 그가 이 말을 이해할 수 있게 하려면 어떤 예를 들 수 있

겠습니까?

Q.5. 왜 어떤 사람들은 다른 사람들을 불공정하게 대할까요? 어떤 설명을
생각해 낼 수 있을까요?

Q.6. 사람들은 가끔 인생이 불공정하다고 말합니다. 여러분은 이 말에 동
의합니까? 그렇거나 혹은 그렇지 않다면 각각 그 이유는 무엇인가요?

Good
Thinking

11

아버지의 기대

아버지의 기대

찰리는 12살이다. 그는 아버지와 누이동생과 함께 아버지가 운영하는 구멍가게 위층에 산다. 어머니는 3년 전에 세상을 떠났다. 그로부터, 찰리 아버지는 가정을 잘 꾸려가려고 열심히 노력한다.

찰리가 맏이이기 때문에, 아버지는 찰리에게 많은 것을 기대한다. 아래의 것들은 아버지가 찰리가 해주었으면 하고 기대하는 것들이다.

1. 음식 만들고 빨래하기

2. 동생 학교 등하교시키기

3. 침실 청소 및 정돈

4. 저녁에 아버지가 외출할 때 동생 돌보기

5. 숙제하기

6. 토요일에 상점 일 돕기

7. 미성년자에게 담배 파는 것을 거절하기

8. 학교 생활 잘하기

9. "감사합니다"와 "고맙습니다"라고 말하기

10. 약속 지키기

11. 신앙생활 하기

12. 나이가 들면 결혼해서 가정을 이루기

🍎 학습 목표

- 의무에 대한 새로운 생각을 발전시킬 수 있다.
- 서로 다른 종류의 의무를 확인할 수 있다.
- 의무의 이행으로부터 얻는 것이 무엇인지 생각해 본다.

🌼 학습 활동

(1) 브레인스토밍

먼저 부모님들이 가정에서 자녀들에게 어떤 도움들을 기대하는지 생각해 보세요. 부모님들은 어떤 종류의 도움들을 기대했을까요? 심부름이었을까요? 애완동물 돌보기였을까요? 그밖에 어떤 것들이었을까요?

- 집에서 여러분이 하는 일들에 대해 생각해 보세요. 얼마나 많은 일들을 생각해 낼 수 있나요?
- 여러분은 집에서 왜 그 일들을 하나요? 원하기 때문인가요? 대가가 있기 때문인가요? 혼나지 않기 위해서인가요? 부모님을 기쁘게 하기 위해서인가요? 의무이기 때문인가요? 그밖에 어떤 이유 때문인가요?

(2) 내용 살피기

부모가 자녀에게 해주기를 바라는 것들이 언제나 공정할까요? "아버지의 기대"라는 글을 읽고 이에 대해 생각해 보세요.

(3) 이유 대기

찰리에게 기대되고 있는 것들에 대해 이야기하며 생각해 보세요.

- 찰리 아버지가 이 모든 것들을 찰리에게 기대하는 것은 공정합니까? 그것들을 이행할 것인지 여부는 찰리에게 달려 있다고 해야 할까요? 그 까닭은 무엇인가요?
- 그러한 책임들 중에서 어떤 것이 가장 이행하기에 힘들다고 생각합니까? 그 이유는 무엇인가요?

(4) 토론

여러분의 생각을 친구들과 함께 토론해 보세요.

- 아버지가 기대하는 것들 가운데서, 찰리가 꼭 이행해야 할 '의무'가 있는 것은 무엇인가요? 그 이유는 무엇인가요?
- 찰리가 의무를 이행함으로써 얻을 수 있는 것이 있다면 무엇인가요?

(5) 요점 논술

찰리가 아버지가 자기에게 기대하는 것들 중에서 어떤 것을 행하기를 거부한다고 상상해 보세요. 아버지가 찰리에게 그것들을 해야 할 의무가 있다는 것을 설득하려고 노력하는 대화를 전개시켜 보세요.

⑥ 이유 대기 연습

아래의 항목들이 A에 해당되는지 또는 B에 해당되는지 표시해 보세요. 그리고 각 항목에 대한 여러분의 선택에 대해 그 이유를 간단히 적어보세요.

> A. 임의라고 생각되는 것들
> B. 의무라고 생각되는 것들

1. 버스에서 나이든 사람에게 자리를 양보함 (　)
2. 빚을 갚음 (　)
3. 필요할 때 친구를 도와줌 (　)
4. 조국에 대해 자부심을 가짐 (　)
5. 진실을 말함 (　)
6. 경찰에게 의심 가는 일을 알림 (　)
7. 운전 면허증을 취득하는 일 (　)

☆ 더 생각해 볼 문제

Q.1. 여러분 나이 또래의 어떤 아이들은 집안 일을 전혀 돕지 않습니다. 그게 당연하다고 생각하나요? 그렇다면, 혹은 그렇지 않다면 그 이유는 무엇인가요?

Q.2. 나이가 열여섯 정도 되면 어떤 의무들을 추가로 더 지게 되나요? 그 예들을 들어보세요. 그 중에서 가장 중요한 의무는 어떤 것이라고 생

각합니까? 가장 어려운 의무는 어떤 것인가요?

Q.3. 사람들은 타인에 대해서와 마찬가지로 자신에 대해서 의무가 있다고 생각하나요? 만일 그렇다면, 그것은 어떤 종류의 의무인가요? 그 예들을 생각해 보세요.

Q.4. 교사들에게는 어떤 특별한 의무가 있을까요? 만일 여러분이 교사에게 어떤 비밀을 말했다면 교사는 그 비밀을 지킬 의무가 있다고 생각합니까? 그렇다면, 혹은 그렇지 않다면 그 이유는 각각 무엇인가요? 그 밖에 다른 직업들, 예를 들면 의사에게는 어떤 특별한 의무가 따를까요? 그 예들을 생각해 보세요.

Q.5. 모든 사람들이 나이에 관계없이 가지는 의무들이 있을까요? 있다면 어떤 것들인가요? 그 예들을 들어보세요. 사람들이 이런 의무들을 진지하게 받아들이도록 확실히 하려면 어떻게 해야 할까요? 그런 의무들은 어디서 비롯된 것인가요?

Good
Thinking

12

어떤 소녀의 비밀 일기

어떤 소녀의 비밀 일기

목요일 (생일이 이틀 남았다!)

오전 8 : 01   기상. 내게 가장 소중한 엄마는 아직까지 아침밥을 해주시지 않는
다. 지난주 수영장에서의 내 행동은 도저히 참을 수 없는 일이었다
고 엄마는 말했다. 앞으로는 내 아침밥은 내가 챙겨야 한다. 하지
만 오늘 아침은 시간이 없다. 급한 일이 너무 많다. 돌아오는 일요
일 날 생일 선물을 받을 가능성이 거의 없다. 내가 당하는 것만큼
엄마한테도 뭔가를 갚아야지!

오전 8 : 22   버스 정류장에서 날치기를 당했다. 내 저녁 식비를 뺏기고 블라우
스의 뒷부분은 얼룩이 생겼다. 그런 놈들도 사람일까? (못된 십대
놈들!)

오전 8 : 32 늘 그렇듯이 버스가 늦는다. 왜 버스회사는 버스 운행시간을 지키지 않는지 이유를 모르겠다. 더 신경질 나는 것은 내 바로 앞에서 버스에 올라탄 노인네가 한 개 남았던 좌석을 차지해 버렸기 때문이다. 그래서 난 담뱃불을 붙여 한 모금 빤 다음 연기를 그 노인네한테 훅 불었다. 아이 고소해! 그 노인네가 버스 운전사한테 일러바쳤고 나는 버스에서 강제로 하차당했다. 버스 요금도 환불받지 못했다. 세상에, 재수 옴 붙었네!

오전 8 : 37 눈알이 도깨비 눈깔처럼 생긴 놈이 자전거를 타고 가면서 하마터면 나를 칠 뻔했다. 내 책가방은 개울창에 내팽개쳐졌다. 그 녀석은 여긴 '자전거 도로' 라고 중얼거리더니 대뜸 나보고 도로 밖으로 나가라고 소리를 질렀다. 도로 밖으로 나가야 할 놈은 내가 아니라 바로 그놈이다. 가방이 정말로 엉망진창이 되어 버렸으니!

오전 10 : 15 수학! 생각만 해도 끔찍하다! 계산기가 모두에게 돌아갈 만큼 충분하지 않아서 계산기 없이 문제를 풀어야 하는 딱 한 사람이 나였다. 이건 불공평하다! 내 친구가 다니는 다른 중학교에서는 학생들에게 한 사람도 빠짐없이 계산기가 지급된다.(그리고 더구나 체육시간에 여학생들이 축구도 할 수 있다!) 선생님한테 계산기가 없다고 불평했다. 선생님은 형편없는 변명을 하면서 대뜸 어제 방과 후 자기가 벌 줄 때 왜 나타나지 않았느냐고 물었다. 왜 나한테만 계산기를 주지 않았냐고 따졌더니 선생님은 또다시 방과 후에 남으라고 하였다. 기가 막혀!

오후 12:30 점심시간. 감자칩 한 봉지 살 돈뿐이다. (괘씸한 날치기 녀석들!!) 밥값을 도둑맞은 사람을 위한 대책이 있어야 한다고 학생주임 선생님한테 말했다. 욕만 잔뜩 얻어먹고 밥은 먹지 못했다. 정말 국물도 없었다.

오후 12:57 학년부장 선생님이 나한테 '불량소녀' 같이 보인다고 말했다. 나한테 블라우스 옷자락을 단정하게 집어넣으라고 말했다. 그 선생님은 하여튼 잔소리 주머니를 차고 다닌다! 그 케케묵은 이야기라니!

오후 1:12 브림 선생님과 마주쳤다. 그때서야 내가 오늘 기타 레슨을 받으러 가겠다고 약속한 것이 생각났다. 시간은 이미 늦어 있었다. (나는 지난 목요일에도, 또 그 전주 목요일에도 레슨을 빼먹었다.) 선생님은 연습실에서 계속 나를 기다렸다면서 화를 냈다. 이유를 모르겠다. 선생님이 무엇 때문에 월급을 받지? 브림 선생님은 나 같은 학생이 처음으로 그의 시시한 레슨에 등록한 것에 대해 감사를 해야 한다.

오후 1:17 여전히 배가 고파 죽을 지경이다. 주린 배를 움켜쥐고 오후 내내 학교에서 견딜 생각을 하니 끔찍하다. 아무리 교육이 좋다 해도 받고 싶지 않아 집으로 가기로 결정했다.

오후 1:19 집으로 갔다.

🍎 학습 목표

- 권리의식을 발전시켜 나갈 수 있다.
- 여러 다른 종류의 권리에 친숙해진다.
- 자신에게 주어진 권리에는 어떤 것들이 있는가를 잘 생각해 본다.

🌼 학습 활동

(1) 이야기

이 단원은 권리들 특히 우리들에게 주어져 있는 권리에 관해 다룹니다. 권리에 관해 더 많이 알아보기 위해 "어떤 소녀의 비밀 일기"를 읽어보세요.

(2) 내용 살피기

"어떤 소녀의 비밀 일기"를 읽고 여러분이 알 수 있는 것처럼 그 소녀는 자기가 많은 권리를 갖고 있다고 생각합니다.

- 소녀가 자신이 가지고 있다고 생각하는 권리들은 무엇입니까? 그 권리들을 적어보세요. 여러분은 얼마나 많은 권리들을 찾을 수 있나요?

그 소녀가 갖고 있다고 생각하는 권리들에 대해 친구와 같이 이야기하며 생각해 보세요.

1. 어린이로서 갖고 있는 권리는 무엇인가요?
2. 승객으로서 갖고 있는 권리는 무엇인가요?
3. 학생으로서 갖고 있는 권리는 무엇인가요?
4. 소녀로서 갖고 있는 권리는 무엇인가요?
5. 시민으로서 갖고 있는 권리는 무엇인가요?
6. 인간으로서 갖고 있는 권리는 무엇인가요?

(3) 토론

여러분이 찾아낸 권리들에 대해 친구들과 논의해 보세요.

- 여러분이 적은 권리들을 정말 그 소녀가 가지고 있다고 생각합니까? 그 이유는 무엇인가요? 혹시 소녀가 너무 많은 권리를 가지려 한다고 생각하지 않습니까? 그렇다면 그 이유는 무엇인가요?
- 이러한 권리들 중 소녀가 실제로 갖고 있는 권리는 무엇인가요? 왜 그렇게 생각합니까?

(4) 분류하기

권리는 여러 가지 방법으로 분류해 볼 수 있습니다. 우선 권리를 법적 권리와 도덕적 권리로 나누는 것입니다. 법적 권리란 그 권리가 법률에 나와 있는 것을 말합니다. 도덕적 권리란 그것이 단지 정의로운 것이라는 데 근거해 있는 것을 말합니다. 소녀가 갖고 있다고 생각하는 권리들에 대해 생각해 보세요.

- 친구와 같이 논의하면서 소녀의 권리를 다음 둘로 나누어보세요.
  a. 법적 권리　　b. 도덕적 권리
- 여러분은 이밖에 다른 종류의 권리들을 생각할 수 있나요? 만약 있다면 그것은 무엇인가요?

(5) 요점 논술

　법적 권리의 한 예로는 법에 의해 부여된 선거권이 있습니다.　최근 선거권을 가질 수 있는 연령을 더 낮추자는 의견이 있습니다. 여러분은 이제 선거권을 어린아이에게도 주기 위해 법이 개정되어야 한다고 생각하나요? 이 문제에 대한 여러분의 견해를 글로 써보세요. 결론을 내리기 전에 이 문제에 대한 찬성과 반대의 근거를 잘 생각해 보세요.

☆ 더 생각해 볼 문제

Q.1. 전 세계의 모든 사람들이 당연히 가져야 할 권리 가운데 이 소녀가 갖고 있는 것은 무엇인가요?

Q.2. 이 소녀는 버스를 타고 갈 권리를 박탈당했습니다. 이 일기에서 이밖에 소녀가 박탈당한 권리는 무엇인가요? 어떻게 박탈당했나요? 여러분은 이러한 권리를 박탈하는 것이 옳다고 생각하나요?

Q.3. 절대로 박탈당할 수 없는 권리가 존재할까요? 만약 그렇다면 그것은 무엇일까요? 왜 이러한 권리는 박탈해서는 안 될까요?

Q.4. 이 이야기를 통해 권리란 흔히 의무와 밀접하게 관련되어 있다고 말할 수 있습니다. 권리가 의무와 관련된 예와 그렇지 않은 예를 찾아보세요.

Q.5. 이 일기에서 권리를 갖고 있는 사람은 이 소녀뿐만은 아닙니다. 그렇다면 권리를 갖고 있는 다른 사람이 있나요? 그것은 어떤 권리인가요?

Good
Thinking

13

기발한 생각

기발한 생각

동물들 셋이서 나란히 울창한 숲을 걷고 있었다. 그들은 각자 생각에 깊이 잠겨 있었다.

그런데 갑자기 생쥐가 가던 길을 멈추었다. 생쥐의 수염이 떨리기 시작했다.

"저게 뭐지?" 쥐가 앞쪽을 가리키며 물었다.

세 동물들은 좀더 자세히 보기 위해 조금씩 다가갔다.

"새끼 살무사잖아." 오소리가 작은 소리로 말했다.

"살무사가 뭐야?" 두더지가 물었다.

"뱀의 한 종류야." 오소리가 대답했다.

"웬일이지?" 쥐가 물었다 "통 움직이질 않네."

"이건 그냥 새끼 뱀이야. 내 생각에는 어미를 잃은 것 같아." 오소리가 말했다.

"어떻게 해야 할까?" 생쥐가 수염을 씰룩씰룩 움직이며 초조하게 물었다.

"이 뱀을 여기에 홀로 두고 갈 수는 없어." 두더지가 소리를 치며 말했다.

"나는 이 뱀을 혼자 숲속에 내버려둘 수는 없어. 우리 이 뱀을 집으로 함께 데

리고 가자."

"잠깐!" 오소리가 소리쳤다. "살무사에게 독이 있다는 사실을 모르니?"

"그건 미처 생각하지 못했네." 걱정스러운 눈빛으로 쥐가 말했다.

"이 뱀은 여기에 놔두고 가는 것이 좋겠어. 누군가 길을 지나다가 새끼 뱀을 발견할거야. 얘들아, 우리 그냥 가자."

"이 뱀을 여기에 홀로 두고 가서는 안 돼." 두더지가 흐느끼듯 쉭쉭 소리를 내며 말했다.

"그렇긴 하지만 네 안전을 생각해야 해." 오소리가 앞발로 두더지의 부드러운 어깨를 감싸며 말했다.

"정말 그래." 생쥐가 여전히 수염을 씰룩씰룩거리며 말했다.

"우리는 우리들 자신을 생각해야 해."

그때 두꺼비가 기웃거리며 어슬렁어슬렁 나타났다.

"모두들 무슨 일이야?" 두꺼비가 물었다 "다들 심각해 보이는 걸."

"아무 문제도 없어요." 쥐가 재빠르게 답했다.

"아니에요. 문제가 있어요." 두더지가 여전히 글썽거리는 눈물을 참으며 말했다.

"새끼 살무사 한 마리가 있어요. 그것도 홀로 있어요. 아무도 보살펴주지 않아요."

"어떻게 해야 할지 도무지 모르겠어요." 오소리가 말했다.

"아무래도 독을 갖고 있는 것 같아서요."

"올빼미가 말하기를 우리는 숲속 생물들을 사랑하고 존중해야만 한다고 했어." 두꺼비가 자신 있게 말했다.

"네? 독을 갖고 있는데도요?" 쥐가 불쾌하게 생각하여 물었다.

"어쨌든 올빼미는 그렇게 말했어." 두꺼비가 대답했다.

"올빼미가 어떻게 알아요?" 미심쩍은 듯 생쥐가 물었다.

그러나 두꺼비가 대답하기도 전에 오소리가 기발한 아이디어를 냈다.

"내게 생각이 있어. 두꺼비의 말이 맞아. 뱀들도 우리와 똑같은 숲의 생물이야. 새끼를 죽게 놔두는 건 옳지 않아. 우리가 그렇게 한다면 정말 끔찍할 거야. 그러나 새끼 뱀이 독을 갖고 있다면 우리의 목숨을 위험에 처하게 할 수도 있을 거야. 그러니까 막대기로 새끼 뱀을 집어서 자루에 넣는 게 어때? 자루에 넣어서 집으로 데려간 다음에 먹을 것을 넣어주는 거야. 그리고 내일 새끼 뱀의 어미를 찾아주는 거야. 어때?"

"굉장한 아이디어야!" 두더지와 두꺼비가 함께 말했다.

"좋아. 생쥐야, 너는 어떻게 생각하니?" 오소리가 물었다.

"좋아!" 생쥐가 흥분한 소리를 내며 말했다. "그러나 자루는 내가 옮기고 싶어."

🍎 학습 목표

- 도덕적 의사 결정 과정을 곰곰이 생각할 수 있다.
- 도덕적 권위의 여러 가지 근원들을 살필 수 있다.

😊 학습 활동

(1) 이야기

이 단원은 도덕적 의사 결정에 관한 것이고, 사람들이 의사를 결정하는 방법에 관한 것입니다. 이를 더 알아보기 위해 "기발한 생각"을 읽어보세요.

(2) 내용 살피기

이야기 속의 동물들은 풀어야 할 도덕적 문제를 가지고 있습니다. 그들은 새끼 살무사를 도와야 할지 돕지 말아야 할지에 대해서 결정을 해야만 합니다.

- 동물들이 문제를 다루는 방법에 대해 생각해 보세요. 동물들 간에 입장이 서로 다른 점들을 찾아낼 수 있나요? 그렇다면 그것은 무엇입니까?

두더지	
생 쥐	
오소리	
두꺼비	

(3) 상상하기

물론 인간들은 동물들보다 복잡합니다. 우리는 모두 우리들 내부에 이야기 속의 동물들의 속성을 조금씩 가지고 있습니다.

- 아래의 경우에 만일 여러분이 두더지처럼 행동한다면(동정적으로) 어떤 입장을 취할지 상상해 보세요. 생쥐처럼 행동한다면(자기중심적으로), 두꺼비처럼 행동한다면(높은 도덕적 권위를 따름), 오소리처럼 행동한다면(합리적 접근 방법을 사용) 어떤 입장을 취할지 상상해 보세요.

a. 거지가 돈을 구걸함.
b. 누군가 여러분의 가족들이 걱정을 하지 않도록 거짓말을 할 것을 요구함.
c. 방과 후 누군가가 깡패들에게 매를 맞는 것을 보았고, 깡패들도 내가 그 목격자라는 것을 앎.

	두더지	생 쥐	오소리	두꺼비
A				
B				
C				

(4) 토론

여러분이 생각한 것을 친구들과 이야기하며 토론해 보세요.

• 여러 가지 형태의 도덕적 추론들 가운데 어떤 것이 더 좋다고 생각하나요?
왜 그런가요? 결정을 내리기 전에 각각의 도덕적 추론 항목들에 대해서 다
음과 같은 기준으로 점수 표를 만들어보는 것이 좋습니다.

감점(- 포인트) :

① 감정을 가지고 하는 행동은 다른 중요한 도덕적 요소들을 보지 못하게
할 수도 있다. 이 경우 여러분이 호감을 갖지 않는 사람에 대해서 편견을
갖게 할 수 있다.
② 항상 자신을 우선하는 것은 이기주의이다.
③ 권위에 따르는 것은 그 권위가 잘못일 수 있기 때문에 위험할 수 있다.
즉 권위가 말하는 것을 오해하거나 잘못된 권위를 선택할 수 있는 위험
이 있다.
④ 도덕 원리들은 여러 가지로 해석될 수 있다.
⑤ 결과에 대해서 고려한다고 하는 것이 능사는 아니다. 어떤 결과가 가장
중요한 것인가를 결정하는 것이 급선무이다.

(5) 요점 논술

5, 6세의 어린 동생이 해결해야 할 어려운 도덕적 문제를 가지고 있을 때, 그
들이 해야 할 바에 대해 조언을 한다고 상상해 보세요. 여러분이 말하려고 하는
것의 개요를 적어보세요. 간단히 해야 할 것과 하지 말아야 할 것의 목록을 만드
세요. 목록을 완성하고 나서, 여러분이 선택한 조언의 배경을 설명하는 문장들
을 첨가하세요.

☆ 더 생각해 볼 문제

Q. 1. 여러분 자신의 판단을 믿기보다는 두꺼비처럼 다른 누군가의 판단을 따르는 것이 낫다고 생각하나요? 누구를 따르는 것이 가장 좋다고 생각하나요? 왜 그런가요?

Q. 2. 사람들은 양심이 종종 행동할 바를 알려준다고 말합니다. 양심이란 무엇인가요? 양심은 어떻게 생기나요? 양심이 잘못될 수 있다고 생각하나요? 여러분들이 지금까지 이야기해 왔던 도덕적 추론과 다른가요? 다르다면 어떻게 다른가요?

Q. 3. 법은 우리가 어떻게 행동해야 할지 알려줍니다. 여러분은 법이 항상 믿을 수 있다고 생각하나요? 그렇다면 왜 그런가요? 그렇지 않다면 왜 그렇지 않은가요?

Q. 4. 자신을 앞세우는 것이 항상 이기적이라고 생각하나요? 그렇다면 왜 그런가요? 그렇지 않다면 왜 그렇지 않은가요?

Q. 5. 여러분은 올빼미가 무엇을 나타낸다고 생각하나요? 약간의 가능성들을 생각해 보세요. 얼마나 많은 것들을 생각해 낼 수 있나요?

Good
Thinking

14

외톨이 호텐스

외톨이 호텐스

호텐스는 가장 나중에 부화된 새끼였다. 가장 작았을 뿐만 아니라, 깃털이 잘 자라지 않았고, 날아다니는 법도 가장 늦게 배웠다.

호텐스는 별다르다는 이유로 괴롭힘을 당했다. 어린 참새들은 아주 잔인할 수가 있다. 호텐스는 경주를 할 때 공중에서 형제 자매들을 따라갈 수 없었다. 그녀는 경주를 하지 않아서 욕을 먹는 것과 경주를 하고 지고서 욕을 먹는 것 중 어느 쪽이 더 나쁜지 결정할 수가 없었다.

두세 달이 지났을 때, 호텐스의 가족은 호텐스가 좀 이상하다는 것을 눈치채기 시작했다. 아무도 어디서 그런 생각을 하게 되었는지 몰랐지만, 호텐스는 자기가 실제로 참새가 아니라는 생각을 하고 있었다. 호텐스는 흔히 참새들이 내는 짹짹 하는 울음소리를 더 이상 내지 않았다. 대신에 소리 내지 않고 공중을 빙빙 맴돌거나 아니면 전력을 다해 날기 시작했다.(소리 내지 않고 공중을 빙빙 맴돈다는 것은 참새가 하기에 매우 어려운 일이다.) 호텐스는 다른 참새들 모두가 먹는 먹이를 거부했다. 호텐스는 들쥐 특히 어린 들쥐가 더 좋다고 말했다.

호텐스의 가족은 도대체 그 일을 어떻게 생각해야 할지 몰랐다. 호텐스는 가족들에게 자기가 부화했을 때 무언가 잘못이 있었음에 틀림없다고 말했다. 호텐스는 자기가 실제로 금독수리 등과 같은 맹금(猛禽)이라고 했다.

여전히 다른 참새들은 호텐스를 괴롭혔다. 그러나 그 괴롭힘은 이전처럼 그렇게 심하지는 않은 것 같았다. 호텐스는 훨씬 더 자신이 있고 당당할 수 있는 듯이 보였다. 다른 참새들 중의 한 마리가 높이 날아오르거나 하늘로부터 홱 덮치는 호텐스의 가슴 아픈 시도를 놀려대려 하면, 호텐스는 그들이 단지 이해하지 못하고 있는 것이라고 말했다. 호텐스는 그들에게 금독수리가 되기 위해서는 시간이 많이 걸린다고 말해 주었다. 참새가 되는 것보다 금독수리가 되는 데는 배울 게 훨씬 더 많다는 것이었다. 그들은 호텐스가 우쭐댄다고 생각하기에 이르렀다.

세월이 감에 따라, 호텐스는 자기가 금독수리라는 데 점점 더 확신을 가지게 되었다. 호텐스에게 자신이 여전히 참새처럼 보인다는 사실은 별로 중요하지 않은 것처럼 보였다. 그렇지만 허세는 아무도 속일 수가 없었다. 다시 말해서, 호텐스 자신을 제외하고는 아무도 속일 수가 없었다.

봄이 오자, 호텐스는 스코틀랜드로 떠나겠다고 선언했다. 대개 독수리는 바위가 많은 절벽의 돌출부 높은 곳에 둥우리를 만든다. 호텐스가 살던 곳에는 높고 바위가 많은 절벽의 돌출부가 없었다. 그래서 호텐스는 가족에게 작별 인사를 하고 북쪽으로 날아갔다.

며칠 후, 호텐스는 스코틀랜드의 산허리에 도착했다. 호텐스가 생전 처음 진짜 금독수리를 만난 것은 그때였다. … 금독수리는 곧바로 호텐스를 갈기갈기 찢어 깩깩거리는 자기 새끼들에게 먹이로 주었다.

🍎 학습 목표

- 자아상이 자기 행동에 어떻게 영향을 주는지 이해할 수 있다.
- 자아상의 출처를 생각해 볼 수 있다.
- 자기 자신의 자아상을 반성해 볼 수 있다.

🌼 학습 활동

(1) 이야기

우리가 자신을 바라보는 방식 그리고 그러한 방식이 우리의 행동에 어떻게 영향을 주는지에 관해서 알아보기 위해 "외톨이 호텐스"를 읽어보세요.

(2) 내용 살피기

호텐스가 성장하면서 어떻게 변하기 시작했는지에 관해 생각해 보세요.

- 다른 참새들이 목격한 호텐스가 나이가 들면서 변해 가는 모습은 어떠했나요? 적어보세요.

(3) 이유 대기

호텐스가 변하기 시작한 이유에 관해서 생각해 보세요.

- 호텐스를 이렇게 변화하게 한 것은 무엇인가요? 가능한 한 많은 이유를 생각해 보세요.
- 호텐스가 자신의 행동이나 생각을 끝까지 버리지 못한 이유는 무엇이라고 생각하나요?
- 호텐스가 죽은 것은 누구의 잘못이라고 생각하나요? 호텐스 자신의 잘못인가요, 아니면 호텐스 가족의 잘못인가요? 그 이유는 무엇인가요?

(4) 토론

여러분의 생각을 친구들과 이야기하며 토론해 보세요.

- 어떤 사람이 지닌 자아상이 그의 행동에 어떻게 영향을 줄 수 있는지 여러 사례들을 생각해 보세요. 사례들을 얼마나 많이 생각해 낼 수 있나요?
- 어떤 종류의 자아상을 가지고 있다는 것이 장점과 단점이 있다고 생각하나요? 그렇게 생각한다면, 무엇인지 말해 보세요.

(5) 요점 논술

다음 중 한 가지를 선택하여 논술해 보세요.

- 학교는 학생들이 실패자라고 느끼게 만들 수가 있습니다. 이러한 일이 어떻게 일어나는지 생각해 보세요. 그러한 일은 학생들이 어떻게 행동하게 만들까요? 여러분은 이 경우 학교가 해야 할 일이 무엇이라고 생각하는지, 이와 관련된 글을 써보세요.

• 등장인물들을 사람으로 바꾸고 일상생활을 배경으로 하여 호텐스 이야기를 다시 써보세요.

☆ 더 생각해 볼 문제

Q.1. 사람들이 여러분을 특정한 방식으로 바라보는 것이 얼마나 중요합니까? 그 이유는 무엇인가요?

Q.2. 어린 참새들은 호텐스에게 아주 잔인하였습니다. 흔히 어린아이들이 다른 아이들에게 아주 불친절한 이유가 무엇이라고 생각하나요? 몇 살이 되어야 이런 행동을 하지 않게 된다고 생각하나요?

Q.2. 오늘날에는 소년들이 더 겁이 많아 보이고 소녀들이 더 야심 차고 경쟁적으로 보이는 것을 과거보다 덜 나쁘게 생각합니다. 그 장점은 무엇이고 단점은 무엇이라고 생각하나요?

Q.3. 자녀들이 자신감을 가지고 성장하도록 돕기 위하여 부모가 할 수 있는 일은 무엇인지 적어보세요. 가장 중요한 일은 무엇이라고 생각하나요? 그 이유는 무엇인가요?

Q.4. 여러분은 자신을 좋아하는 것이 이기적이라고 생각하나요? 그렇다면 왜 그렇게 생각하는지, 아니면 왜 그렇게 생각하지 않는지, 그 이유를 말해 보세요.

Q.5. 광고주들은 우리가 바람직하다고 생각하는 모습을 어떻게 이용하려 하나요? 텔레비전과 잡지에 실린 광고에서 사례들을 수집하세요. 여러분은 그들이 하는 일이 공정하다고 생각합니까? 그렇게 생각하는 이유는 무엇이고, 그렇지 않다고 생각하는 이유는 무엇인가요?

논리력 키우기
GOOD THINKING

논리력 키우기
GOOD THINKING
‖ 해설편 ‖

1. 이 책에 대한 안내

　이 책은 도덕적 관심사에 관한 현안들을 공부하고, 반성하고, 토론하는 방법을 배우려는 학생들을 돕기 위해 기획되었다.

　이 책은 3권의 Good Thinking 시리즈 가운데 제 1 권이다. 이 시리즈의 소재들은 시민운동재단의 중등학교 도덕 교육 프로젝트의 추진 과정에서 개발되었고 영국 전역의 40여 중학교에서 실험을 거쳤다.

　이 책은 주로 시민 교육을 위한 것이지만, 국어나 교양 교육, 비판적 사고의 능력을 기르는 데까지 적용된다. 특히 도덕적 논증(moral argument)과 토론을 가능하게 해줄 기초 능력, 지식과 이해력에 대한 체계적 안내서라고 할 수 있다.

　도덕 교육에 대한 이런 종류의 접근은 학교에서 처음 접해 보기 때문에, 교사들은 그것이 함축하고 있는 아이디어나 기술적인 것들에 생소할지 모른다. 이런 이유로 주제의 본질과 교실에서 효율적인 학습에 도움이 될 교수 전략에 대한 개략적인 안내를 마련했다.

　이 책은 14개의 단원으로 구성되어 있으며, 각 단원은 상이한 측면의 도덕적 사고와 논증에 초점이 맞추어져 있고, 한 단원 수업에 충분한 자료를 지니고 있다. 각 단원들은 아래와 같은 개략적인 수업 플랜의 형식으로 이루어져 있다.

- 목표와 목적
- 학습 활동 안내
- 토론을 위한 핵심 질문 및 예상되는 답변들
- 유용한 낱말 및 구절

- 심층 탐구 분야
- 복사 가능한 학생 자료

(1) 중요한 낱말들

언어학습은 이 수업의 중요한 측면이므로, 교사들은 학생들에게 새로운 낱말과 표현들을 소개할 적당한 기회를 이용하려고 노력해야 한다.

그렇지만 각 단원의 '중요한 개념들'에 있는 모든 낱말들을 학생들이 배워야 한다는 것은 아니고, 이것은 단지 지침일 뿐이다. 그 낱말들은 각각의 화제 속에서 유익하게 소개될 수 있는 종류의 용어들을 가리키며, 학생들의 이해력과 토론 능력을 증진시켜 준다.

(2) 질문들

최종 분석에 있어서 각 단원의 수업에 근본구조를 부여하는 것은 핵심 질문들이다. 어떤 경우에 질문을 달리 말하는 것이 필요할지라도, 교사는 주어진 질문의 원래 의도에 충실하는 것이 바람직하다. 이러한 질문들은 화제의 가장 중심이 되는 주제들에 대해 토론의 초점을 맞추도록 주의 깊게 선정되었다.

(3) 더 생각해 볼 문제들

'더 생각해 볼 문제'에 들어 있는 활동들은 임의의 선택에 맡겨져 있다.

이들은 숙제로 제시될 수도 있으며, 어떤 주제에 대해 심층수업을 할 경우에 활용될 수도 있다.

(4) 자료의 사용

교사는 학생들의 요구에 맞게 각 단원의 자료들을 적용하고, 그외에 지역적인 화제나 관심있는 화제를 자유롭게 보충할 수 있다. 이 책은 교실에서 실제적 아이디어의 원천으로서, 그리고 법, 정치, 정부 같은 다른 분야의 시민 교육과 학습을 보충하기 위한 자료 모델로서 의도되었다.

학습은 '설교적' 접근보다는 탐구에 기초하거나 초점 있는 토론활동과 적극적 학습전략이 강조될 때 가장 성공적이다. 그렇기 때문에 교사들은 이 책을 가지고 특별한 '도덕적 메시지'를 설교하는 데 사용하고 싶은 유혹을 이겨내야 한다. 이 자료들의 목적은 설교에 있지 않고 학생들에게 수준 높고, 의미 있는 분석과 토론의 기회를 제공하는 데 있다.

(5) 이야기의 역할

이야기는 이 책의 중심 위치에 있다. 이는 이야기가 도덕적 삶의 복잡성을 무엇보다도 효율적으로 전달할 수 있기 때문이다.

이야기는 가능성이 풍부하다. 이야기들은 인간을 다양한 단계에 참여시킨다. 이야기를 통해서 자칫하면 무시되었을지도 모르는 경험의 도덕 측면들, 예를 들면 우리가 해야 한다고 알고 있는 것이 우리가 원하는 것과 충돌하거나 혹은 강제로 할 수밖에 없는 상황들을 탐구하는 것이 가능하다. 이야기 형식이야말로 도덕 교육의 중요한 수단이다. 특수한 상황에 파묻혀 있는 수많은 도덕적 요소들을 파헤침으로써, 어린이들은 도덕성이나 도덕적 문제들에 대한 실제적이고 살아 움직이는 지식을 쌓을 수 있으며, 그것을 가지고 여러 경우를 이해하고 반성할 수 있는 도덕적 개념과 언어의 기본 틀을 발전시킬 수 있다.

(6) 수업 진행 순서

이 책의 단원들은 독자적 형태로 구성되었기 때문에, 어떤 부분을 가지고 어떤 순서로 다루어도 상관없다. 그러나 몇 가지 기본적인 단위로 분류하여 공부하는 것도 효과적일 수 있다. 이에 따라 상이한 수업 단원들의 내용은 세 그룹으로 나누어질 수 있다.

- 도덕적 사고   예 : '작은 새', '특별 과제'
- 토론   예 : '교복 문제', '나를 억지로 설복시키려고 하지 마'
- 심리적 관점들   예 : '외톨이 호텐스'

(7) 교사와 도덕철학

도덕의 주제와 관련된 내용들은 자칫하면 복잡해 보일 수도 있다. 그러나 원리적으로 볼 때, 도덕이 인간의 다른 관심 분야보다 더 복잡하거나 덜 복잡하지도 않다. 그것이 특별하게 복잡해 보이는 것은 현재 교육시스템 속에서 도덕 공부를 할 여지가 일반적으로 없다는 점에서 부분적으로 설명될 수 있다.

물론 이런 결함이 하룻밤 사이에 보완된다고 기대하는 것은 어리석은 일이다. 따라서 교사들이 이 책 속의 자료들을 사용하기 위해서는 도덕철학의 전문가가 되어야 한다고 느끼지 않는 것이 중요하다. 각 단원의 해설편에 있는 '이론적 배경'은 기본 정보를 제공해 준다. 아울러, 도덕철학에 대한 기본 입문서 등을 접해 보고 참고하길 바란다.

2. 도덕 교육의 목적과 목표

(1) 국가 교육 과정에 있어서 도덕 교육과 시민

1998년에 보고된 학교에서의 시민 교육과 민주주의 교육이라는 제목의 크릭 보고서에 의하면 시민 교육은 상호 의존적인 세 가지 요소로 개념화되어 있다.

1. 사회적 도덕적 책임
2. 공동체 참여
3. 정치적 교양

크릭 보고서는 시민 교육의 핵심이 도덕성이라고 본다. 나아가 이 보고서는 민주 사회의 시민 교육에 핵심이 되는 수많은 도덕적 개념을 확인해 주었다. 그 것들은 다음과 같다.

- 공정
- 권리
- 책임
- 협동
- 자유
- 평등

도덕적 이해와 책임 있는 시민의 긴밀한 관계가 새로운 국가 교육 과정의 시행령에 강조되어 있다. 그 시행령은 중등학교 학생들에게 다음과 같은 것들을 가르치도록 요구한다.

- 현안의 도덕적 쟁점, 문제점, 그리고 사건에 관해 생각해 본다.
- 그러한 쟁점, 문제점, 그리고 사건에 관한 개인적 의견을 발표하고 정당화하고 변호해 본다.
- 상상력을 발휘하여 다른 사람의 경험을 검토해 보고, 자신의 견해가 아닌 다른 사람의 견해에 관하여 생각하여 발표하고 설명하고 비판적으로 평가해 볼 수 있다.
- 집단 및 학급 토론과 논쟁에 참여한다.

또한 그 시행령은 학생들이 사회를 지탱해 주는 법적 인간적 권리에 관해 배우고 공정, 사회 정의, 민주주의에 대한 존중, 학교 · 지역 · 국가 · 지구촌 수준에서의 다양성을 학습하도록 요구한다. 따라서, 도덕 발달은 공적인 생활의 효율성과 밀접히 연계되어 있는 것으로 여겨진다.

도덕 교육을 민주 시민 교육의 틀 속에 집어넣었다는 것은 도덕적 쟁점이 교실에서 다루어지는 방식에 대해 중요한 의미를 함축한다.

(2) 역사적 맥락

형태는 다를지라도 도덕 교육은 언제나 학교 교육의 한 가지 측면이었다. 1960년대와 1970년대에 통합적인 교육이라는 이상이 확산됨으로써 일반적인 학교 교육 체계에 적합한 도덕 교육 형태가 탐색되었다. 이 기간에 영향력 있는 수많은 사상들이 등장하였다. 존 윌슨은 도덕적 사고의 특성에 대한 서술에 기초하여 중립적인 도덕 교육을 주장했다. 로렌스 콜버그는 젊은이들이 옳고 그름에 관한 추론 능력을 발달시키면서 거치는, 더욱 세련되어지는 일련의 보편적인 단계들을 확인함으로써 인지 발달 이론을 도덕적 사고에 적용시켰다. 학교 평의회의 '라이프 라인' 프로젝트는 '사려 깊음'이라는 개념에 기초하여 중학생들을 위한 학생 중심의 도덕 교육 프로그램을 개발하였다.

교육적 사고에 상당히 영향을 미쳤음에도 불구하고, 이들 사상들 중 어느 것도 광범위한 지지를 얻을 정도로 충분히 통합적이고 실질적인 도덕 교육 접근법을 제공할 수 있다는 증명을 하지 못하고 있다. 교사들은 비록 중요하다고 할지라도 도덕성에는 사려 깊음 이상의 것이 있다는 것을 잘 알고 있다. 또한 그들은 어떤 중립적인 도덕 교육 접근법이 가능하다는 것을 의심하고 있다. 대개 교사들은 학교가 결코 '가치 중립적인' 장소일 수가 없다는 점에 동의한다. 문제는 바로 우리가 누구의 가치들을 가르쳐야 하는가 하는 것이다.

(3) '시민 도덕'이라는 개념과 도덕 교육의 '공적 담론' 모델

우리가 누구의 가치를 가르쳐야 할 것인가? 이러한 질문에 대한 답변으로서 패트리샤 화이트, 테렌스 맥로플린, 그라함 하이든 같은 철학자들은 최근에 '시민 도덕'이라는 개념에 주목한다. 사회 안에는 가정, 종교 조직과 같은 공동체들이 수없이 많다. 그것들은 가입 탈퇴가 자유로운 '공적이 아닌' 공동체와, 단지 시민권을 공유하고 있음으로 해서 모든 시민이 소속되는 더 큰 '공적인' '시민' 공동체로 구분할 수 있다. 또한 시민 공동체에는 그 나름의 가치관이 있다. 우리는 그것을 '시민 도덕'이라고 부를 수 있을 것이다. 우리 사회의 가치들로는 사회 정의, 정치적 평등, 다름에 대한 존중, 인권, 협동, 예의, 법의 지배에 대한 존중, 그리고 공공 정책에 대한 의견 불일치를 해소하기 위한 적절한 방법으로서 협상과 논쟁에의 참여 같은 것들이 있다.

시민 도덕이라는 개념은 사회의 모든 구성원들이 동의할 수 있으면서도 긍정적인 가치들에 기초한 새로운 형태의 도덕 교육이 가능하다는 것을 시사한다. 또한 그 개념은 학교에서 합법적으로 가르칠 수 있고 실제로 학교에 가르칠 의무가 있는 가치들과 (비록 실제로는 흔히 중복되지만) 가정, 교회 등과 같은 데서 가르쳐야 할 가치들을 구분할 수 있게 해준다. 이러한 견해에 따르면, 학교 도덕 교육의 목적은 아주 간단 명료하다. 그것은 젊은이들을 시민 공동체가 공유하고 있는 도덕적 삶에 효과적으로 참여시키는 것에 다름 아니다. 도덕 교육에 대한 이와 같은 접근은 '공적 담론' 모델이라고 일컬어지고 있다.

(4) '공적 담론' 모델과 '거대 쟁점' 접근법

도덕 교육의 공적 담론 모델이 포함하고 있는 것은 무엇인가? 확실히, 참여 민주주의에서의 도덕적 삶에는 단순히 선량한 태도를 갖는 것 이상의 것이 있다. 유능한 시민의 자격에는 폭넓은 도덕적 지식, 기능, 그리고 이해가 포함된다. 그밖에도 다음과 같은 것들이 포함된다.

- 도덕적 개념, 용어 그리고 논의 형태에 대해 정통할 것
- 도덕적 관점에서 시민 공동체의 삶을 이해하는 능력
- 다양한 도덕적 신념들과 사회 전반에 있는 도덕적 권위자의 여러 형태에 대해 알고 있을 것
- 이성적이고 무모순적인 개인적 가치들, 그리고 이들 가치들을 실천에 옮기려는 확신
- 공동의 관심사인 도덕적 쟁점에 관한 다른 사람들과의 대화에 효과적으로 참여할 수 있는 능력

이 접근법은 흔히 학교에서 사용하는 도덕 교육의 접근법, 다시 말해서 '거대

쟁점' 모델이라고 불리는 그러한 접근법과는 완전히 다르다. '거대 쟁점'이란 예를 들어 종교적/세속적, 보수적/진보적 등과 같은 노선에 따라 시민들을 편가르는, 친숙하면서도 다년간 논의되어 온 도덕적 문제들이다. 비근한 예로는 낙태, 안락사, 사형 등이 있다. '거대 쟁점' 접근법을 적용할 경우에, 학생들은 논쟁 주제와 관련된 사실들(그리고 흔히 대표적인 논증들)을 제공받고 토론을 하도록 요구받는다. 토론의 성공 여부는 의사 교환의 활발함, 학생들의 참여, 증거나 논증에 의하여 잘 지지된 의견들, 다른 견해에 대한 존중, 발표 차례 지키기와 같은 논쟁 규정의 준수 등에 의하여 평가된다.

이 접근법의 주요 약점은 교과 내용 선정이 도덕성의 본질이나 도덕적 논쟁의 요구보다는 상황이나 시사적인 뉴스거리에 의하여 결정됨으로써 대개 임의적이라는 것이다. 이러한 사실이 포괄적인 적용 범위를 갖지 못하게 만들고, 실제로 학습 진도 계획을 짤 수 없게 만든다.

이 접근법의 또 다른 약점은 맞상대가 있는 논쟁이 지배한다는 것이다. 그것은 예를 들어 도덕성이 개인적 기호와 어떻게 다른가, 훌륭한 인격이란 무엇인가, 권리들은 어디에서 비롯되는가와 같이 적대적인 방법을 허용하지 않는 도덕적 질문이 소홀히 다루어질 수 있다는 것을 의미한다. 동시에 동의, 이해나 합의(이것들은 모두 참여민주주의에 기본적이다)를 도출하는 데 도움을 주는 토론 방식이 과소 평가되거나 거의 무가치한 것으로 평가된다.

논의의 여지가 있겠지만, 여하간 '거대 쟁점' 접근법의 가장 큰 약점은 학생들이 도덕적 논증의 과정에 관해 이미 잘 알고 있다고 가정하는 점이다. 교실 토론은 진지한 도덕적 논쟁에 참여하는 능력을 획득하는 수단이 아니라 그것을 연습하는 것으로 여겨진다. 도덕적 용어, 논증의 개념과 형태를 학습하는 일이나 훌륭한 토론의 바탕이 되는 사회적 의사소통 기능을 개발하는 일은 거의, 아니 전혀 강조되지 않는다.

이와는 달리, 시민들을 민주사회의 도덕적 삶에 참여시킬 필요성에 정당성을 두는 공적 담론 모델은 학생들에게 도덕적 사고와 논쟁의 용어를 소개하는 일을 강조할 뿐만 아니라 목표 달성을 위한 수업 내용을 선정하는 원칙을 분명하게 제시한다. 공적 담론 모델의 경우, 공부할 주제는 공적인 도덕적 담론 자체의 성격에 따라서 선택된다. 범위는 임의적이 아니라 체계적이고, 일련의 토론 방법들을 사용할 수가 있으며, 각자에게 적합한 수사적 책략과 논증 기법을 찾아내도록 학생들을 격려할 수도 있다.

(5) 3대 학습 영역
대중 담론식 접근법(public discourse approach)으로 보면, 도덕 교육은 크게 다음과 같은 세 가지 학습 영역에 따라 생각해 볼 수 있다.

① 도덕적 상황의 이해
인간의 상황을 도덕적인 틀로 이해하는 능력이야말로 어린이들의 도덕 발달에 있어서 가장 중요한 것이다. 그러한 능력을 때로는 '도덕적 지각'(moral perception)이라고 부른다. 여기에는 다음과 같은 몇 가지 서로 다른 능력들이 포함된다:

- 다른 사람들의 사고와 감정에의 이입(移入) 능력
- 한 가지 상황 내에 서로 다른 이해관계가 얽혀 있음을 파악하는 능력
- 서로 다른 형태의 행위로부터 나타날 법한 귀결에 대한 고려의 능력

• 예컨대 덕이나 악과 같은 도덕적 가치, 도덕적 원칙, 규칙, 이상(理想)의 적용 능력

② 도덕적 개념과 논증에 대한 지식

어떤 상황을 도덕적 관점에서 이해하고 그에 대해 논쟁을 펴는 능력은, 도덕적 언어상의 어휘 및 문법에 대한 지식이 얼마나 되며, 또 그것을 얼마나 능숙하게 사용하는가에 달려 있다. 여기에는 다음과 같은 것들이 포함된다:

• 도덕적 개념   예 : 정의, 의무, 권리, 평등, 권위의 개념
• 여러 형태의 도덕적 논증   예 : 어느 편이 덜 악한가, 목적이 수단을 정당화한다

③ 토론 및 논쟁의 기술

다른 사람과 효과적으로 대화에 참여하려면, 학생들은 또한 추론이 개입된 논증에 포함되어 있는 것이 무엇이며, 그것의 목표와 목적이 무엇인가를 배울 필요가 있다. 여기에는 다음과 같은 것들이 포함된다:

• 어떤 의견을 지지하는 추론의 전개
• 비판에 비추어 의견을 수정하려는 용의(用意)
• 증거와 논증의 관점에서 다른 사람의 견해를 듣고 분석하기
• 반대에 직면하여 어떤 입장 옹호하기
• 차이를 인정하고 합의 이끌어내기

(6) 도덕적 추론의 발달

3대 학습 영역과 더불어 교사들은 또한 학생들의 저변에 깔린 도덕적 추론의 수준에 관심을 두고 있다. 지난 30년 이상의 연구 결과로, 우리는 젊은이들이 계속적으로 확대되어 가는 사회적 맥락을 서서히 깨달아 그 안에서 자신의 도덕적 세계를 구축하게 된다는 사실을 잘 알고 있다. 아주 어린 시기에는 도덕적 추론이 본질적으로 자기 중심적이다. 옳고 그름에 대한 판단이 물리적이거나 구체적인 틀 내에서 이루어지는 경향이 있으며, 권위라고 하는 것도 저 밖의 어디엔가 있는 것으로 여겨진다. 어린이들은 그렇게 하라는 말을 들었거나 아니면 그렇게 하면 칭찬을 듣기에 그 어떤 것이 옳고, 또 어떤 것 때문에 매를 맞거나 벌을 받게 된다든지, 아니면 누군가에게 어떤 일을 했을 때 그가 다시는 친구가 되지 않을 것이라는 이유 때문에 그것이 나쁜 것이라고 말하곤 한다. 조금 지나고 나면 이른바 '가는 말이 고우면 오는 말이 곱다'라는 식의 도덕이 자라나게 된다. 이 단계에서 아이들은 자신에게 나쁜 짓을 한 누군가에게 '앙갚음'을 하는 것이 옳은 일이며, 친구를 돕는다는 것은 그들이 '언젠가 나에게도 잘해 줄지 모르기'에 중요한 것이라고 할지 모른다.

초등학교 고학년이나 중등학교 저학년생들은 좀더 성숙된 수준의 도덕 추론의 발달 단계를 보인다. 아이들은 점차적으로 도덕적 사고에 있어 자기 중심적인 태도에서 벗어나는 것이다. 그들은 이제 주변 사람들의 생각과 감정을 더 잘 파악하게 되고, 옳고 그름에 대한 판단을 어떤 행동이 다른 사람에게 가져올 결과의 관점에서 재량하게 되는 것이다. 우선 이와 같은 일은 단순히 사람들 사이의 수준에서 나타나게 된다. 예를 들면 그들은 다음과 같은 식으로 말하곤 한다. '만일 누군가가 네 것을 훔친다면 어떻겠니?' 라는 생각 때문에 훔친다는 것은 나쁜 일이며, 약속을 지킨다는 것은 '네가 믿을 만하거나 신뢰할 만한 사람임을 보여주기'에 중요하다는 것이다. 도덕적 추론에서 사회적인 관점이 나타나게 되는 것은 보통 청년기 후반부터이다. 젊은이들은, 사회제도란 그 자체로 존재하며, 그 자체의 목적을 지니고 있고, 시민들은 그에 따라야 한다는 생각을 지닐 수 있다. 이 단계에서야 비로소 옳고 그름에 대한 판단이 사회 전체나 그 안의 이러저러한 제도의 요구라는 관점에서 이루어지게 된다. 예컨대 그들은, '공동의 선을 위하여', 아니면 '법이란 우리 사회의 근간이기에' 법을 따르는 일은 중요하다는 식으로 말할지 모른다.

경험으로 볼 때, 교실 상황 내에서 여러 다른 수준의 도덕적 추론을 찾아보기가 훨씬 더 쉬워지고 있다. 학생들이 자신의 의견이나 행위에 대해 내놓는 이유들은 자기 중심주의와 추상적이며 사회적인 사고 사이의 스펙트럼 위 어디엔가 위치할 수 있다. 예를 들어 왜 진실을 말하는 것이 중요한지에 대해 다음과 같은 이유들을 살펴보자:

1. 자신에 대해   예 : '(그렇지 않으면) 나는 벌을 받을 것이다.'
2. 다른 사람에 대해   예 : '내가 거짓말을 한다면 다른 사람에게 혼란을 일으킬 것이다.'
3. 사회에 대해   예 : '진실은 사회 안정과 존속에 본질적이다.'

연구에 따르면, 오늘날 학생들로 하여금 자신의 행위에 대해 이처럼 계속적으로 확대되어 가는 사회적 맥락을 생각해 보게 하는 일종의 반성적 활동이나 토론 작업에 참여하게 하는 것이 좀더 정교한 도덕적 판단으로 나아가도록 인도하는 데 효과가 있음이 입증되고 있다.

이러한 목적으로 사용해 볼 수 있는 몇 가지 전략들이 있는데, 이는 다음과 같다:

- 서로 다른 역할 취해 보기

  예 : '네가 만일 x라고 해보자… 너라면 어떤 식의 이유를 대보겠니…?'
- 일련의 이유들 생각해 보기

  예 : '누군가가 무엇이 잘못되었다고 생각할지도 모를 이유들을 생각해 보자… 너
      라면 얼마나 많은 서로 다른 이유들을 생각해 볼 수 있겠니?'
- 갈등 상황 연구하기

  예 : '어떤 것이 잘못인지의 여부에 관해 두 사람의 의견이 일치하지 않는 대화를
      펼쳐보자…'
- 더 넓은 도덕적 관점 취해 보기

  예 : '만일 모든 사람이 …하다면, 그런 사회는 어떠할까?'

그러므로 도덕 교육의 근저에 놓여 있는 목표들 가운데 하나는 좀더 정교한 수준의 도덕적 추론에 도달하게 하는 일이다. 왜냐하면, 다른 모든 것들이 동일하다고 할 때, 좀더 넓은 범위의 고려에 따라 내린 도덕 판단이 마음 속에서 좀더 이기적인 생각에 따라 내린 그것보다 (좀더 적합하거나 복잡하다는 의미에서) '더 나은' 것일 터이기 때문이다. 학생들의 도덕 추론의 발달은 통상적인 교실의 상황하에서 쉽게 판단을 내릴 수 있는 그 무엇은 아니다. 물론 그것이 중요하지 않다는 얘기는 아니다. 그것은 분명 교사들이 학습 활동을 선택하거나 학생들과의 매일매일의 상호 작용에서 염두에 두어야 할, 학습의 한 측면이다.

(7) 교실에서의 도덕 공동체

도덕 교육에 대한 대중 담론식 모델(public discourse model)에 대한 아이디어는 우리가 교실에서의 도덕 생활에 대해 생각하는 방식에 중요한 영향을 미친다. 특히 그것은 우리에게 교실을 대중이나 시민들의 토론의 장의 한 형태로 보도록 한다. 학생들이 만든 소집단들은 하나하나가 사회의 한 축소판이다. 말하자면 그것은 각자의 신념이 천차만별이고 집안 배경도 너무나 다른 사람들이 하나의 공동 목표를 위해 모인 것이다. 따라서 대부분의 학생들은 교실 공동체에서 처음으로 대중 토론 광장을 경험하게 된다. 학생들이 전체로서 사회를 관통하여 분산되는 도덕적 의견들을 처음으로 실제 체험을 통해 알게 되는 것도 이 토론 광장 속에서이고, 시민으로서 도덕적 문젯거리들에 대해 논쟁할 수 있는 것도 이 토론 광장 속에서 가능할 수 있다. 그러므로 교실 공동체는 대중 토론 광장이 이루어지는 모델일 뿐 아니라 동시에 실제 모습이 되기도 한다. 그것은 그것 자체의 정당성이라는 관점에서 보면 진정한 토론을 위한 하나의 기회로 보여져야만 한다. 그것은 단순히 토론 기술을 배우거나 미래의 완전한 시민으로의 지위를 대비하는 것이 아니다.

(8) 교사의 역할

도덕 교육에 대한 대중 담론식 접근법(public discourse approach)에서는 교사가 도덕적 토론의 모델과 촉진자 역할을 해야 한다. 모델로서의 교사는 학생들에게 자신의 발언이나 행위에 타당한 이유를 제시해 보기, 다른 학생들이 제시하게 될 것에 타당한 이유를 예측해 보기, 편견들에 대한 증거를 찾아보기, 대안이 될 수 있는 설명이나 관점들을 생각해 보기 같은 것들을 실제로 해보게 하여 학생들이 습득해야 할 학습 전략들의 종류를 강화시켜 나가야 한다. 연구 보고에 의하면 꼼꼼하게 따져보고 생각 깊게 추리를 하는 교사들 밑에서는 학생들도 같은 반응을 보이는 것으로 나타났다. 또한 촉진자로서의 교사는 학생들이 자신의 경험과 의견들을 나누도록 도와주고, 자신의 생각을 반성해 보도록 용기를 주고, 학습해야 할 핵심을 분명하게 제시하고, 기본적 토론 규칙이 확실하게 세워지고 강화되도록 하고, 서로 존중하는 교실 환경을 형성하는 데 최선을 다해야 한다.

(9) 교화(가치 주입하기)와 편견

학교는 '가치 중립적'인 곳이 아니며 또 그렇게 되어서도 안 된다는 데 의견이 일치됨에도 불구하고, 명시적 도덕 교육을 할 때 교화나 편견을 가지고 한다는 사람들의 비난에 대해서 교사들이 걱정할 수도 있다.

그러나 사회를 분열시키고 갈등을 일으킬 만한 문제들과 접하게 되면 이 문제들을 교실 수업에서 어떻게 진행할 것이며 과연 이 문젯거리들을 가지고 수업을 해나갈 것인가를 판단하는 것은 더욱 어려운 일이다. 교사가 학생들에게 자신의 관점에서 세상을 보도록 설득하는 것은 분명 있어서는 안 되는 일이다. 그렇다고 해서 사회적으로 많은 논란거리가 있는 문제들을 피하기만 하는 것도 옳지 않다. 민주국가에서 사회의 분열을 일으킬 민감한 문제들을 판단하고 어떻게 이해할 것인가를 배우고, 그 문제들에 접해서 살아가는 것도 아이들 각자의 권리이다.

중요한 것은 논의가 분분한 문제에 대해서 어느 한 측면만 학생들에게 보여주어서는 안 된다. 가장 효과적인 방법은 학생들로 하여금 편견을 이해하고 인식하는 능력을 구비하게 하는 목표를 최우선에 놓는 교수 전략을 채택하는 것이다. 이것은 단기간에 가능하지 않은 장기적 전략이다. 좀더 단기간으로 실시해볼 만한 것으로는 다음 두 가지가 있다:

- '중립적' 접근법
- '균형적' 접근법

중립적 접근법에서 문제가 무엇이든 간에 교사는 어떤 견해나 입장 표명을 하면 안 되고 단지 토론이 잘 진행되도록 도움을 주는 역할만 해야 한다. 하지만 여기에는 하나의 위험이 있는데, 그것은 만약 이 접근법만을 사용하면 학생들이 자기가 듣고 싶은 말만 듣기 때문에 편견이 한층 더 강해질 수 있다는 것이다. 이런 일이 일어나지 않게 하려면 때때로 교사들에게 균형적 접근법을 사용하도록 권고해야 한다. 이때 교사는 학급에서 나온 견해들에 대해 가능한 한 설득적으로 학생들에게 대안을 제시해야 한다. 이렇게 하는 한 가지 방법은 '악역'을 맡는 것인데, 이 전략을 지나치게 사용하지 않도록 유의해야 한다. 특히 불필요하게 극한 대립적 논쟁의 위험에 빠질 수 있다는 것을 명심해야 한다.

교사가 요약하고 정리하는 일이야말로 학생들에게 논쟁을 할 수 있는 능력을 개발시켜 주고, 쟁점이나 논증들을 제대로 파악하게 해주므로 중요하다.

교사들이 결정하기 어려운 것은, 민감한 문젯거리들에 대해 자신의 견해를 표명해도 좋은 때를 결정하는 것이다. 대체로 학급에서 특별히 요구한 경우를 제외하고는 개인적 견해를 표명하는 것은 피하는 것이 아마도 상책일 것이다.

3. 도덕이란 무엇인가?

(1) 도덕의 본질

도덕이란 인간이 흥미와 관심을 갖는 특별한 분야이다. 과학이나 역사와 같은 인간의 다른 관심 분야와 마찬가지로 도덕은 '옳음', '그름', '선함', '악함', '당위', '의무', '강제', '권리', '공정', '비난', '책임' 등과 같은 고유의 언어를 갖는다. 도덕은 또한 고유의 규칙과 절차를 갖는다. 도덕적 주장들은 개인적인 선호나 개인 또는 집단의 관심을 표출하는 것 그 이상이다. 첫째로, 도덕적 주장들은 일반적인 적용성을 갖는다. 만일 내가 어떤 것이 도덕적으로 그르다고 믿는다면, 그것은 나 또는 내 집단에 대해서 그르다는 것이 아니라 나와 같은 처지에 있는 어느 누구나 어느 집단에 대해서도 그르다는 것을 뜻한다. 둘째로, 도덕적 주장들은 방어 가능성을 기초로 만들어진다. 우리는 이유가 무엇인가를 명확하게 설명하지 못할지라도, 충분한 이유가 있을 것이라는 생각으로 도덕적 주장들을 만들어낸다. 도덕적 주장들은 결코 입증되거나 반증되지 못하는 수도 있다. 그러나 단지 그들은 논의에 부쳐질 수밖에 없다. 다시 말해서 적어도 원칙적으로는 어떤 공통된 관점에 근거한 이유들에 근거해서 적어도 원칙적으로 받아들여지거나 거부될 수도 있다.

(2) 용어

'도덕적'이란 말은 여러 가지 방식으로 사용될 수 있다.

(a) '도덕적'이란 말은 '부도덕적'이란 말과 대조되며, 예의범절을 설명하는 데 사용한다.

(b) '도덕적'이란 '비도덕적' 이란 말과 달리 인간이 갖는 흥미와 관심에 관한 특정 영역에 사용한다.

도덕이란 말의 이 두 가지 의미들을 구별하지 못함으로써 혼란에 빠질 수도 있다. 이 책에서 학교 교육과 관련하여 '도덕적' 이란 말을 사용할 때, 학생들의 품행을 단정하게 한다거나 학생들이 법을 준수하게 한다는 의미에서가 아니고, 인간 삶의 도덕적인 차원을 잘 이해하도록 도덕을 교육한다는 의미이다.

'윤리적'이라고 하는 말은 때때로 이런 영역을 설명하는 데 사용된다. 기술적인 의미에서 이는 도덕철학으로 알려진 도덕에 관한 학문적인 연구와 관련된다. 더욱 일반적으로 윤리적이라는 말은 도덕에 관한 다른 말로 사용된다. 이 책에서는 윤리적이라는 말을 더 일반적으로 사용한다.

(3) 도덕적 판단
일상생활에서 우리가 내리는 도덕적 판단은 다음 두 가지이다.

(a) 행위들에 관한 판단
(b) 사람들에 관한 판단

행위와 관련한 도덕적 판단에서는 대체로 '옳다'와 '그르다'는 말이 사용된다. 이런 종류의 판단은 여러 행동 방향들 중에서 선택을 해야 하는 상황에서 가장 분명하게 확인된다. 선택적으로 누군가가 여러분에게 찾아와서 그들이 선택해야 할 것에 관한 도덕적 조언을 요청할 수도 있다. 물론 옳은 일을 행하는 것이 항상 절대적인 선과 관계되는 것은 아니다. 다시 말해서 옳은 행동을 한다는 것은 덜 악한 것들을 선택하는 것과 관계가 있다.

사람과 관련한 도덕적 판단에서는 '착하다', '악하다'와 같은 말이 사용된다. 성품과 관련된 도덕 판단에서는 예를 들어 '성실', '용기'와 같은 미덕(그리고 악덕)에 관한 말 등이 사용된다. 반면에 행동과 관련된 용어들은 '의도', '동기', '의지력'과 같은 심리적 과정에 의해 만들어진다.

그러나 많은 사회적 판단들은 도덕적인 것은 아니다. 많은 관례와 전통적인 관행에 뿌리를 두고 있다. 예를 들어서 '예의범절'에 대해서 도덕적 판단과 사회적 관습을 구분하는 것은 쉽지 않다.

(4) 가치

가치는 삶에 있어서 무엇이 선하고 악한지, 무엇이 옳고 그른지, 무엇이 중요하고 중요하지 않은지에 대한 신념들이다. 가치는 도덕을 구성하는 가장 기본적인 건축 재료와 같은 것이다. 개인이 가지고 있는 가치들은 그들이 내리는 도덕적 판단들의 종류를 결정하는 데 도움이 된다. 가치들은 다음과 같이 여러 가지 방법들로 다양하게 표현된다.

- 미덕들 = 성품의 특성
    - 예 : 정직
- 원리들 = 무엇을 할지 정확하게 말해 주지 않고 폭넓게 고려할 것
    - 예 : 인간 존중
- 규칙들 = 재고할 여지가 없는 일반적인 규칙들
    - 예 : 약속을 어기지 마라

• 이상들 = 추구해야 할 일반 성질이나 상태

　　　예 : 정의

(5) 도덕 이론

　도덕 문제들은 다양한 관점에서 접근할 수 있다. 이들 중에서 어떤 것들은 도덕 이론으로 발전해 왔다. 도덕 이론은 필수적인 것으로 아주 일반적이어서 어떠한 상황에서도, 적어도 원리로서 적용 가능하다. 실제로 하나의 도덕 이론에 전적으로 집착하는 사람은 거의 없다. 대부분 모든 사람들이 그들이 적절하다고 생각할 때, 광범위한 이론들로부터 적절한 것을 선택하는 경향이 있다. 일반적인 도덕 이론은 다음과 같다.

　　(a) 공리주의(utilitarianism)　　　: 만일 어떤 행위가 최대 다수에게 최대 행복을 준다면 오직 그 경우에만 도덕적으로 옳다는 신념

　　(b) 윤리적 이기주의(ethical egoism) : 만일 어떤 행위가 최대의 행복을 준다면 도덕적으로 옳다는 신념

　　(c) 칸트의 윤리학(Kantian ethics)　 : 의무감으로 행해진다면 도덕적으로 옳다는 신념

(6) 메타 윤리적 문제

　끝으로 도덕 자체의 근거를 묻는 질문들이 있다. 이들을 '메타 윤리적' 문제라고 부른다. 메타 윤리적 문제들은 다음과 같다

• 도덕적 판단은 개인적인 취향에 근거한 판단과 어떻게 다른가?

- 가치는 어디에서 생기는가?
- 인간의 본성은 본질적으로 선한가 악한가?
- 도덕과 종교 사이에는 어떤 관계가 있는가?

말할 것도 없이 일상생활에서 실제적인 도덕적 결정에 있어 많은 불일치가 있는 것과 마찬가지로 메타 윤리적인 문제의 답에도 많은 불일치가 있다. 추상적인 메타 윤리적인 쟁점들은 때론 일상생활과 멀리 떨어져 있는 것으로 보일 수 있지만 우리가 그것에 대해서 어떻게 대답하느냐 하는 것이 실제적인 의사 결정에 중요한 영향을 미칠 수 있다. 예를 들자면, 반사회적이거나 범죄 행위 문제에 관한 해결책은 인간 본성에 관한 기본적인 가정(범죄자들이 교정 가능한가)에 의해 영향을 받는 것이 거의 확실하다.

4. 교수 – 학습 전략

(1) 기본 규칙

성공적인 토론 활동은 다음과 같은 기본 규칙들, 예컨대 토론의 상대방을 비웃지 말 것, 다른 사람이 의견을 말하고 있을 때에는 끼어들지 말 것 등의 규칙들을 토론자들이 얼마나 잘 수용하고 지키는가에 달려 있다. 성공적인 토론 활동을 위해 가장 중요한 것은 학생들이 다음의 사항들을 알게 하는 것이다.

- 기본 규칙을 잘 숙지할 것
- 기본 규칙들이 왜 있어야 하는가를 이해할 것

• 기본 규칙들은 필수적인 것임을 알 것

몇몇 교사들은 이러한 토론의 기본 규칙들을 토론이 시작되는 시점부터 확실히 정해 놓고 싶어한다. 대부분의 경우, 교사들은 그러한 규칙들을 학생들끼리 자발적으로 서로 의논하여 정하도록 한다.

그러나 이 경우는, 학생들 한 사람 한 사람의 기여가 다른 학생들에 의해서 소중하게 평가되는 것을 확인해 가며 참여할 수 있도록 교실의 분위기를 만들어가는 상태를 의미하며, 이 상태는 아주 힘겨운 상황으로 여겨질 수 있다. 그 비결은 좀더 소규모의 방법들로부터 시작하는 것인데, 즉 학생들에게 달성하기 쉬운 목표를 먼저 지키도록 하고 이후 점차적으로 학생들이 학습 활동 과정에서 공동의 책임성을 더 잘 체득할 수 있게 되면 목표의 범위와 수준을 더욱 넓혀가는 것이다. 이러한 방식은 아마도 초기에는 교사가 상당히 주도적인 활동을 하는 것으로 나타나게 될 것이며, 학생들은 교사의 지도 방식에 호응하는 정도에 따라 더욱 많은 활동의 자유를 얻게 될 것이다.

(2) 좌석 배치

적절한 방식으로 좌석을 배치하는 일은 질 높은 토론 활동이 이루어지도록 교실의 분위기를 만들어내는 데에 효과가 있다. 두 가지, 혹은 세 가지 방법으로 좌석의 배치를 바꾸는 것은 토론 활동의 더욱 다양한 방식 – 학급 전체, 두 사람 단위, 소모임 – 으로 학생들이 비교적 수월하게 옮겨다니며 토론할 수 있도록 하는 일에 도움을 줄 수 있다. 학생들은 어느 자리에 앉게 되든 다른 토론 상대자들과 마주보고 이야기할 수 있어야 한다. U자 형의 좌석 배치는 모든 사람들과 대면하면서 토론하기 위해 특히 효과적인 좌석 배치법이다. U자 형은 교사를 위한 공간이 포함되어 있다는 이점도 있다. 그러나 좌석 배치가 어떻든 간에 잊지 말아야 할 중요한 점은, 아직 미숙한 연령층인 학생들의 경우에는 자신이 토론하는 과정에서 일정 정도 자신을 '가려줄 수 있는' 책상이 없을 경우에는 종종 불안한 느낌을 받을 수 있다는 것이다.

(3) 교수 전략

도덕과 관련된 토론이나 논증 활동이 교실에서 이루어질 때, 다양한 종류의 일반화된 교수 전략들이 사려 깊게 활용되면 그 토론의 질적 수준은 한층 높아질 수 있다. 이를 위해 다음과 같은 사항들이 요긴하다.

- 상호간의 토론 활동뿐 아니라 혼자 숙고해 볼 수 있는 시간을 제공한다. 예컨대 5분 간의 '생각하는 시간' 동안에 학생들로 하여금 다른 사람들과 의견을 나누기 이전에 먼저 자신의 생각을 글로 적어보게 한다.
- 모든 학생들이 참여할 수 있도록 소그룹을 이루고 있는 서로 다른 구성원들에게 특정한 역할을 나눠주는 것과 같은 활동을 계획한다.
- 학생들끼리 서로 대화가 이루어지도록 격려해 주고 교사의 주도하에서만 이야기가 진행되지 않도록 한다. 예컨대 두 명씩 혹은 소모임별로 짝을 지어 문제를 함께 해결해 보도록 한다.
- 학생들로 하여금 다른 사람의 말을 주의 깊게 들을 수 있도록 하고 다른 학생의 논점을 분석해 볼 수 있는 기회를 만들어준다. 예컨대 두 명씩 혹은 소모임별로 전체 학급 학생을 대상으로 발표를 하게 한다.
- 학생들로 하여금 항상 논제들과 관련하여 여러 가지 다양한 도덕적인 관점들을 생각해 보도록 지도한다. 예컨대 "…를 지지하기 위해 활용될 수 있는 다른 논증들은 무엇이 있을까?"라는 질문을 한다.

• 학생들이 합의를 해야 할 상황 혹은 서로 다른 관점을 조정해야 할 상황을 만들어낸다.

• 토론이 더디게 진행되는 경우에는 더 작은 단위의 성취 가능한 단계적 목표들로 학습 활동을 쪼개어낸다. 예컨대 "이렇게 하는 것이 좋겠다. 두 사람은 왜 동의하는지 설명해 보고 다른 두 사람은 왜 동의하지 않는지 설명해 보자. 그리고 5분 동안 두 입장 중 어느 쪽의 입장이 더 타당한지 각각 글로 적어보자. 그리고 왜…"

(4) '탐구적' 토의 장려하기

닐 머서(Neil Mercer)의 연구에 의하면, 어린이들이 공동 활동을 수행하기 위해 구사하는 토의는 다음 세 가지 범주로 구분된다.

ⓐ 반박적인 토의 : 이 토의는 '반대'와 자기 중심적인 의사 결정이 주된 특징이 된다. 흔히 특정한 주장들과 그에 반대하는 주장들이 서로 짧게 오가는 형태로 토의가 진행된다.

ⓑ 누적적인 토의 : 이 경우 말하는 사람은 다른 사람이 말한 내용에 대하여 특별한 비판은 하지 않고 비교적 긍정적으로 의견들을 반복하거나 확인하거나 좀더 상세하게 보충하는 형태로 토의가 진행된다.

ⓒ 탐구적인 토의 : 이 경우 말하는 사람은 비판적이면서도 건설적으로 서로의 생각들을 발전시켜 나간다. 일반적으로 이러한 방식의 토의에서는 진술들과 제안들이 함께 머리를 맞대고 생각해 보기 위한 과제로 다루어지며 그 결과 새로운 '이해 방식'에 도달하게 된다.

머서의 주장에 의하면, 탐구적 토의야말로 교육적인 중요성을 함축하고 있는 토의라고 할 수 있다. 탐구적인 토의는 우리가 살고 있는 사회에서 이루어지고 있는 가장 높은 수준의 문명화된 활동, 예컨대 법, 정치, 사업적 협상과 같은 활동에서 핵심을 차지하는 언어의 한 형태인 것이다. 또한 탐구적인 토의는 민주적 토론이나 논쟁에서 그 효과를 보기 위해서는 가장 중요하고도 우선적으로 요청되는 요소이기도 하다.

머서의 연구에 의하면, 교실과 같은 상황에서 탐구적인 토의가 자연스럽게 이루어질 확률은 지극히 희박하다. 그러나 세심하게 준비된 교사의 주도 능력과 학생들의 또래집단 활동이 제대로 발휘된다면 탐구적인 토의는 충분히 개발될 수 있다. 이 점과 관련하여 특히 핵심적인 관건은 교사가 구사해 내는 '질문의 다양성과 질적 내용'이다. 대체로 말하여, 자유롭게 해답을 모색할 수 있는 탐구적인 질문들은 일련의 준비된 해답을 요구하는 닫힌 질문들보다 훨씬 효과적이다. 질문들은 탐구적인 토의를 이끌어내기 위하여 다양한 형태로 구사될 수 있다. 다음과 같은 질문들이 그것이다.

- 추론을 이끌어내기

  예 : "왜 그렇지?" "네가 그렇게 말하는 근거는 무엇이지?"

- 도덕적 판단 능력을 발전시키기

  예 : "왜 너는 그 의견이 더 좋다고 생각하지?"

- 논지를 명료화하기

  예 : "…이 네가 말하고자 하는 것이니?"

- 대안적 의견을 생각해 보기

  예 : "누구 다른 아이디어를 가지고 있는 사람 있니?"

• 토론에 끌어들이기

　예 : "이 의견에 동의하는 사람 있니?"

• 사고의 일관성을 유지하도록 격려하기

　예 : "…에 관하여 네가 말한 것에 대하여 너는 어떤 태도를 가지고 있니?"

• 더 폭넓은 도덕적 전망을 할 수 있도록 자극하기

　예 : "만약 각 개인이 …한다면 사회는 어떤 모습이 될까?"

• 공동의 기반을 찾아내기

　예 : "각 개인 모두가 동의할 수 있는 것들은 무엇이 있을까?"

• 논쟁들을 요약하기

　예 : "오늘 어떤 논증들이 펼쳐졌지?"

(5) 평가

　평가는 다른 모든 학과목에서와 마찬가지로 도덕 교육과 시민 교육에서도 중요한 영역이다. 학생들로 하여금 학습으로 체득해야 할 분명한 교육 내용이 있다는 것을 처음부터 명심하게 하고, 어떠한 것들이 그것에 해당되는 것인지를 알도록 하는 일은 중요하다. 소위 교육 과정(커리큘럼)에 해당하는 이러한 내용들은 '손쉽게 빼거나 넣을 수 있는 것'으로 취급되어서는 안 된다. 그러나, 다른 학과목의 교육 과정과 마찬가지로, 객관적인 방법으로 평가할 수 있는 학습의 내용이 있는 반면에 객관적인 방법으로는 평가할 수 없는 학습의 내용이 존재한다.

　학생의 도덕적 이해 능력과 논쟁 능력의 발전 여부를 판단하기 위한 평가 자료들은 크게 다음과 같은 두 가지 방법으로 얻을 수 있다.

- 교사가 하는 평가
- 학생의 자가 평가

    지필 방법에 의한 평가, 즉 일회적인 도덕적 상황이나 논증을 제시하고 그것을 분석하게 하고 논쟁하게 해서 평가를 내리는 방식은 학생들의 발전 여부를 평가하기 위한 유용한 방법이 되며, 이와 함께 그 동안의 학급 활동을 관찰하여 평가를 내리는 방식도 역시 유용하다고 할 수 있다. 이와 관련하여 표본이 될 만한 몇 가지 평가작업 내용이 이 책의 말미에 제시되어 있다(평가 과제 샘플). 교사의 평가 활동은 학생 스스로 평가하고 있는 자신의 능력에 대한 확신과 토론 활동에서의 효과성, 이 두 가지에 의해 보충될 수 있다. 이를 위해 각 수업의 말미에 제시되는 짤막한 개방형의 질문들과 자기 평가 리스트들이 활용될 수 있다.

    우리가 항상 명심해야 할 점은, 토론 활동은 그룹에 의해 이루어지는 활동이지 개인적으로 이루어지는 활동이 아니라는 점이다. 한 개인의 수행 활동 능력의 질적 수준은 그 그룹 내의 다른 구성원들의 행동과 밀접하게 상호 관련되어 있다. 그러므로 교사는 교실 전체가 얼마나 발전되었는가를 평가하는 과정에 학생 개인의 평가를 포함시키고 싶어할 수 있다. 이러한 그룹평가 방법으로, 교사는 수업이 끝나기 전 5분 가량의 시간을 내어, 이제까지 제시되었던 핵심 아이디어들과 논증들을 다시 요약해 보고 토론의 진행 과정을 검토하여 그 질적 수준을 반성해 볼 수 있다.

Good Thinking

1

이상한 것 찾아내기 – 퀴즈

⌣ 이론적 배경

언뜻 보면 이 단원에 나오는 퀴즈는 늘 보는 일반 지식을 묻는 퀴즈로 보인다. 그러나 자세히 살펴보면, 문제들 중 일부는 퀴즈에서 늘 발견하는 실제 사실에 관한 질문들이 아니다. 그 문제들은 사실보다는 가치와 관련이 있다. 어떤 것은 도덕적 가치에 관한 것이고, 어떤 것은 개인적 취향에 관한 것이다. 이런 문제들이야말로 학생들에게 사실에 관한 문제와 가치에 관한 문제를 구분하는 방법과 도덕에 관련된 문제와 개인적 취향에 관련된 문제를 구분하는 방법을 배우게 하는 기회를 제공한다.

어린아이들이 어떻게 도덕적 '실재론'에 기우는지 살펴보자. 어린아이들은 옳고 그름에 관한 생각이 '2+2=4' 혹은 '물은 축축하다'라는 명제와 같이 참일 수 있다고 본다. 어린 시절에는 부모, 교사 혹은 하느님같이 확고한 권위를 가진 인물들의 말에 기초하여 도덕적 판단을 내린다. 학생들에게 도덕적 판단은 사실에 관한 물음들과는 달리 참 혹은 거짓이 될 수 없다는 것을 알게 할 필요가 있다. 어떤 의미에서 우리는 도덕적 생각들을 통하여 우리들 자신의 고유한 특성을 드러낸다. 재미로 남에게 고통을 주는 것이 그르다는 것에는 누구나 동의하지만, 동물을 의학실험에 사용하는 것이 옳은지에 대해서는 의견이 일치하지 않는다.

어린이들은 자라면서 흔히 도덕적 판단은 사실이 아니므로 단지 개인적 선호 문제일 뿐이라고 생각하는 위험한 함정에 빠질 수 있다. 어떤 학생에게 이러이러한 상황에서 마땅히 어떻게 행동해야 하느냐고 물으면, 학생들은 "그것은 전적으로 그 사람에게 달려 있는 것이 아닌가요?"라고 대답할지 모른다. 학생들에게 도덕은 취향이나 개인적 선호에 관련된 문제 이상이라는 것을 가르쳐야 한다. 도덕적 판단은 적용에 있어 보편성을 지닌다. 만일 내가 어떤 것이 도덕적으로 그르다고 믿는다면, 그것이 단지 내 자신이나 내가 속한 그룹에게만 그른 것이 아니고 그와 같은 상황에 있는 어떤 사람이나 그룹에도 그르다는 것을 의미한다. 또한 도덕적 판단은 지지 가능성에 기초하여 만들어진다. 사람들은 근거가 무엇인지 정확하게 표현하지 못할 수도 있지만 여하간 어떤 타당한 근거가 있다는 가정을 하면서 도덕적 주장을 한다. 도덕적 신념에 대해서는 검증하거나 반증할 수는 없지만 논증을 해볼 수 있다는 점에서 참일지 모른다. 다시 말해 어떤 공통된 관점에 입각한 근거의 토대 위에서, 적어도 원칙상으로는 받아들이거나 거절할 수 있다는 말이다.

중요한 개념들

- 사실(a fact) = 실제로 있는 어떤 것
- 가치(a value) = 사람들이 값어치가 있다고 생각하는 어떤 것
- 도덕(moral) = 옳고 그름을 다룸
- 윤리(ethical) = 도덕
- 취향(taste) = 좋아하고 싫어하는 것
- 주관적(subjective) = 개인적인 신념이나 감정에 의해 영향을 받는
- 객관적(objective) = 개인적인 신념이나 감정에 의해 영향을 받지 않는, 사실에 입각한
- 논의의 여지가 있는(controversial) = 사람들이 어떤 일에 관해 의견의 일치를 보지 못하는 상황을 나타냄

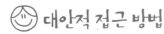 **대안적 접근 방법**

　빅터 퀸(Victor Quinn)은 학생들 자신에게 흥미 있는 몇 가지 물음들을 생각해 보게 함으로써 시작해 볼 수도 있다는 제안을 하고 있다. 그렇게 하여 학생들은 자신이 제안한 것에 관해 다른 사람과 이야기를 나누며, 그것이 서로 다른 종류의 문제인지 어떤지 결정지을 수 있는가를 알아볼 수 있다. 그 결과에 관해서는, 서로 다른 유형의 물음에 어떤 것이 있는가를 확인하고 그에 따른 예와 함께 적어 가며 학급 전체가 공유할 수 있다. 이후에는 그렇게 서로 다른 종류의 물음들 사이에 존재하는 차이에 대해 토론을 펼칠 필요가 있다. 그와 같은 차이를 드러낼 수 있는 한 가지 방법은, 몇 가지 문제들을 선정하여, 일단 그것을 각각 그 나름대로 시험적으로 토론해 보아, 서로 다른 토론의 방법이 과연 적절한 것인지를 알아보는 방법이다. 이러한 식의 접근 방식에서는, 교사의 세심한 지시와 학생들이 결말지어야 할 문제의 유형에 관한 명료한 상(像)의 제시가 필요하다. '다루기 힘든 문제'나 '한 가지 이상의 답을 지닌 문제'와 같은 제안에 있어서는 추가적으로 적절한 구별을 지으며 나아가는 일까지 필요할 수 있다. 또한 예컨대 "아무도 아직까지 '…해야 하는가?'라는 식의 질문이나, 옳고 그름과 관련된 질문은 하지 않지 않았느냐"라는 등등의 부추김이 필요할 수도 있다.

학습 안내

(1) 퀴즈 문제 풀기의 해답

　1. 파리　2. 에베레스트산　3. 체스　4. 여덟　5. 도덕적 문제　6. 두레박　7. 개인적 기호(嗜好)의 문제　8. 윌리엄 셰익스피어　9. 개인적 기호의 문제　10. 위안

11. 도덕적 문제 12. 관악기 13. 개인적 기호의 문제 14. 골프 15. 다섯 16. 도덕적 문제 17. 그리스 18. 개인적 기호의 문제 19. 꽃 20. 도덕적 문제

(2) 퀴즈의 질문 분류하기

1. 마음대로 대답해도 되는 질문들 (9, 13, 18)
2. 생각하는 것에 관한 관련된 질문들 (5, 6, 7, 9, 11, 13, 16, 18, 20)
3. 하나 이상의 답을 갖고 있는 질문들 (3)
4. 올바른 대답이 없는 질문들 (5, 6, 7, 9, 11, 13)
5. 모든 사람의 대답이 다 옳은 질문들 (7, 9, 13, 18)
6. 올바른 대답이 무엇인지 의견을 일치시킬 수 없는 질문들 (5, 6, 7, 9, 11, 13, 18, 20)
7) 올바른 대답이 무엇인지 증명할 수 없는 질문들 (3, 5, 6, 7, 9, 11, 13, 18, 20)
※ 관점(생각하기)에 따라 다르게 분류할 수 있음

(3) 자기 평가 문제 해답

1. 참/거짓
2. 옳음/그름
3. 참/거짓
4. 참/거짓
5. 옳음/그름
6. 좋아함/싫어함

7. 옳음/그름

8. 참/거짓

9. 참/거짓

10. 좋아함/싫어함

Good
Thinking

2
작은 새

🙂 이론적 배경

이 단원에서는 다친 어린 새 한 마리를 놓고 어떻게 해야 할 것인가에 대해 의견이 일치하지 않는 두 아이들의 이야기가 나온다. 오빠인 매튜는 자기들이 즉시 그 새를 불행에서 벗어나게 해주어야 한다고 말하지만 여동생은 그 새에게 도움을 주기 위해서는 수의사에게 찾아가야 한다고 생각한다. 얼마 가지 않아 그 논쟁은 말다툼이 되어 버린다. 이 이야기는 학생들에게 일상적 생활의 장면에서 일어나는 도덕적 문제들을 어떻게 볼 것인가에 대해 배울 기회를 제공한다.

실제생활의 장면에서 접하는 도덕적 문제들을 알 수 있는 능력을 우리는 '도덕적 인지능력'(moral perception)이라고 부른다. 그 능력은 어떤 문제에 대해 도덕적 이해를 하고 토론을 하는 데는 필수요소이다.

어린아이들이 도덕적 문제가 일어나는 장면들을 얼마나 일차원적으로 보는 경향이 있는지 주목해 보라. 아이들은 흔히 어떤 문제 장면의 오직 한 면만을 보고 관련된 이해관계들을 전체 범위에 걸쳐 인지하는 데 실패한다. 그들은 자기 행위의 가장 그럴듯한 귀결들을 생각해 보아서 특수한 상황 속에 들어 있는 일반적인 문제들을 인지하지 못한다. 나이가 들고 경험한 것이 늘어남에 따라 아이들은 도덕적 인지의 범위와 깊이를 확장할 수 있게 되어 전에는 인지할 수 없었던 것들에 대한 도덕적 차원도 인지할 수 있게 된다.

158

☼ 중요한 개념들

- 이해관계(interest) = 누군가에게 유익한 것
- 귀결(consequence) = 어떤 행위를 하거나 하지 않은 결과들

Good
Thinking

3

네가 선택해라

😊 이론적 배경

이 단원에서는 수영 챔피언이 되려는 희망을 갖고 엄격한 훈련 방침을 따를 것인가, 아니면 친구들과 재미있게 놀고 또래 친구들이 하는 것처럼 행동하면서 평범한 학생의 생활을 할 것인가를 선택해야 하는 소년의 이야기를 특색 있게 다룬다. 이 이야기는 학생들에게 가치들에 관련된 말을 소개하고, 그들 자신이 삶에서 소중히 여기는 것들에 대해 곰곰이 생각하는 기회를 제공한다. 학생들로 하여금 그들 자신의 필요와 욕구를 고려할 뿐 아니라, 타인들의 필요와 욕구들에 대해서도 공감하도록 조장한다.

그렇다면 삶에서 궁극적으로 중요한 것은 무엇인가? 오랫동안 사상가들은 '좋은 삶'을 구성하는 필수적인 요소들을 찾으려고 노력해 왔다. 여러 가지 다른 제안들이 만들어졌는데, 이를테면 쾌락, 인정, 권력, 인간관계, 건강, 부(富), 마음의 평화, 신의 뜻에 따라 사는 것 등이다. 어떤 사람들은 삶에서 좋은 모든 것들을 단 하나로 줄일 수 있으며, 그것은 행복이라고 생각했다. 또 다른 사람들은 가치 있는 것들이 여럿이라고 생각하였으며, 이것들이 가끔 서로 충돌한다고 생각했다.

🌞 중요한 개념들

- 가치(a value) = 사람들이 중요하다고 생각하는 어떤 것
- 야망(an ambition) = 이루고자 하는 어떤 것
- 우선 순위(a priority) = 어떤 것들에 중요한 순서
- 물질(material) = 보거나 만질 수 있는, 물리적인 것

☺ 대안적 접근 방법

친구들과 각자 중요하다고 생각하는 가치들을 몇 가지씩 적어본다. 카드 하나에 하나씩, 예를 들면 명예, 건강, 신앙, 권력, 사랑, 돈, 행복, 가족, 올바른 일을 하는 것, 다른 사람 돕기 등등을 쓴다. 참여하는 친구들에게 충분하도록 카드 세트를 준비하여, 각자 한 세트씩을 나누어 갖는다. 그리고 각자 그 카드들을 중요한 순서에 따라 배열하고, 그런 결정을 정당화할 수 있는 이유들을 생각한다. 친구들과 각자의 생각에 대해 함께 이야기를 나누며, 얼마나 동의할 수 있는지 알아본다.

☺ 학습 안내

(3) 이유 대기

훈련을 계속한다	훈련을 그만둔다
명성, 돈, 성취감, 아버지의 명예를 드높이는 일, 어머니를 기쁘게 하는 일, 신체적 건강	즐거움, 친구, 자유, 좋은 학업 성적, 평온한 삶

Good
Thinking

4

기게스의 반지

⌣ 이론적 배경

이야기는 손가락에 끼면 모습이 보이지 않는 마술 반지를 발견한 사람의 이야기이다. 그 반지는 발각되는 것이 두려워 감히 할 수 없었던 일들을 모두 할 수 있게 해주는 것이다. 이 이야기는 원래 플라톤이 한 이야기로 학생들에게 비행을 하지 말아야 하는 이유들을 곰곰이 생각할 기회를 준다. 특히 이 이야기는 발각되지 않는다면 무슨 행동을 해도 되는지에 대해 물음을 던진다. 이 이야기는 비행에 관한 느낌과 선악 관념을 탐구하게 한다.

어린이들은 거의 자신의 이익에 기초하여 옳고 그름에 관한 판단들을 내린다는 점에 주목하라. 일반적으로 바른 행동을 하는 이유로서 흔히 제시되는 것은 '처벌을 피한다'는 것이다. 벌이나 비난에 대한 두려움은 도덕적 사고에 있어서 중요한 결정 요소들이며 적어도 도덕적 사고의 단초가 된다. 따라서 어린이나 청소년들 중에는 빌을 피하고 할 수만 있다면 남을 속여도 된다는 생각을 하는 학생들도 있다. 나이가 들고 경험이 늘어가면서 대부분의 어린이들은 자신의 행동들이 다른 사람들에게 중대한 영향을 준다는 것을 알게 된다. 점차 때가 되면 그들은 양심 관념, 자존심, 인격적 성실성을 발달시키기 시작하고 사회 전체적으로 미치는 영향을 고려하여 자신의 행동들을 평가하기 시작할 것이다. 그러나 도덕적 사고의 발달은 자동적인 것도 아니고 확실한 것도 아니다. 만일 어린이들이 대안들을 검토해 보는 경험을 할 기회를 갖지 못한다면 상대적으로 미성숙한 도덕적 사고방식으로 쉽게 고착될 수 있다.

☀ 중요한 개념들

- 유혹(temptation) = 그르다는 것을 알면서 행하고 싶어함
- 양심(conscience) = 옳고 그름에 관한 내적 느낌
- 죄책감(guilt) = 잘못됨(부정함) 또는 자신이 옳지 않음을 알기 때문에 느끼는 나쁜 감정
- 부도덕(immoral) = 그릇됨(옳지 않음)
- 죄악(a sin) = 종교적 율법(교훈)을 어김
- 황금률(Golden Rule) = 자신이 대우받기를 원하는 방식으로 남을 대하라는 규칙 또는 자신이 대우받기 싫어하는 방식으로 남을 대하지 말라는 규칙

☺ 대안적 접근 방법

조금 더 나이가 든 그룹에 대해서는, 기게스 이야기에 대해 다른 접근 방법을 사용해 봄직한데 이를테면, 두 명이 짝을 이루거나 소그룹을 이룬 학생들에게 그 이야기를 다른 등장인물들로 현대를 배경으로 다시 써보게 한다. 그것이 무엇에 대한 이야기라고 생각하는지 학생들에게 질문을 해본다. 그들은 여러 질문들 가운데 어떤 것을 가지고 토론을 진행할 수 있다. 이것은 학생들로 하여금 그들 자신의 생각을 추구하는 데 있어 더 많은 기회를 제공할 것이다.

Good
Thinking

5

말할 기회

🙂 이론적 배경

이 이야기는 중학교 교실에서 벌어지고 있는 내용이다. 학생들은 일주일에 이틀 동안 수업시간을 늘려야 한다는 방침을 알게 된다. 이 사실은 제인이 부모님께 갖다드릴 편지를 뜯어보면서 알게 되었다. 제인은 학생들에게 이에 대해서 의논할 기회를 주지 않는 것에 대해서 불쾌해 한다. 그날은 금요일 오후였기 때문에 제인은 다음주 중에 이 문제를 학급토론에 붙이면 어떨지 선생님께 건의한다. 이 이야기는 학생들에게 토론이란 무엇이며, 또한 무엇을 목적으로 하는 것인지에 대해 생각할 기회를 제공해 준다. 이와 같은 학교 내외의 문제에 대해서 학생들에게 토론을 할 기회를 주어야 할 것인지 물음을 제기한다.

토론이란 사람들이 반대하는 논증들을 제시하면서 어떤 문제를 생각하는 대화의 형태이다. 학급에서의 토론이 학습을 위한 수단만은 아니다. 토론에 참여하는 방법을 배우는 것, 자기 입장을 옹호하고 어떤 견해를 발표하는 자신감을 갖는 것, 그리고 다른 의견을 경청하는 인내심을 갖는 것은 당연히 중요한 교육목표이다. 다시 말해서, 토론하는 것을 배우는 것이 토론을 통해 학습하는 것만큼이나 중요하다. 그것은 민주적 교육에서 필수요소인 것이다.

어린 학생들의 경우에는 그들이 생활하면서 흔히 접하게 되는 몇 가지 대화형태를 검토하여 토론이 무엇이고 토론의 특성과 목적이 무엇인지를 살펴보면서 토론을 시작하는 것이 좋다. 또한 토론 자체 즉, 토론의 독특한 특징과 목적들을 살펴보기 위한 바탕도 아이들의 생각에서 찾아서 시작하는 것이 좋다. 이 토론 수업은, 만약 단순화시켜 실행한다면, 7세 이상의 어느 연령 집단에도 적용할 수 있을 것이다.

⚙️ 중요한 개념들

- 정당화하기(to justify) = …에 대해 근거를 제시하기
- 설득하기(to persuade) = 어떤 사람에게 자신의 견해를 알아듣게 말하기
- 상담하기(to consult) = 어떤 사람에게 의견을 묻기
- 논의(to debate) = 공식적으로 토론하기

😊 대안적 접근 방법

어느 날 갑자기 잠에서 깨어 보니 모든 사람들이 말을 할 수 없게 된다면 무슨 일이 생길지 상상하여 적어본다. 그리고 상상한 내용을 가지고 친구들과 서로 이야기하며, 사람들은 어떤 형태의 말을 갖게 될지, 왜 그런 형태의 말을 갖게 되는지 생각해 본다.

💡 학습 안내

(2) 이유 대기

＊ 사람들이 말을 하는 이유

정보 전달, 정보 요구, 장난/즐김, 사람들 위로하기, 다른 사람과 다투기, 주의 끌기, 사교, 다른 사람과 사귀기, 물건 사기 등

(4) 토론

* 토론을 통해 학생들이 배울 수 있는 것

거리낌 없이 자기 자신의 주장을 할 수 있다. 여러 사람들 앞에서 말하는 방법을 안다. 다른 사람들이 어떻게 생각하는지 알 수 있다. 그들의 생각이 얼마나 좋은지 알 수 있다. 다른 사람의 말을 듣는 방법을 배운다. 다른 사람의 의견과 자신의 의견을 비교 분석할 수 있다 등

* 수업시간 변경 토론에 대한 찬반 논쟁의 예상되는 주장들

찬 성	반 대
· 학생들이 털어놓고 얘기해 보게 하는 것이 그래도 속 시원할 것이다.	· 학생들은 어른들 문제를 토론할 권리가 없다.
· 다음에 문제가 있을 때를 대비하여 학생들이 토론하는 법을 배우는 데 도움이 된다.	· 학교에서 해야 할 더 중요한 일들이 있다.
· 학생들에게는 자기들에게 영향을 주는 일을 토론할 권리가 있다.	· 그런 토론은 학생들의 성적을 떨어지게 할 것이다.
· 미래에 학생들이 자신을 변호하는 데 자신감을 갖게 해줄 것이다.	· 학생들은 노는 시간에 그 문제를 토론해야 한다.
· 학생들과 관련된 문제이기 때문에 학생들이 더 공정하게 결정을 내린다.	· 학생들은 너무 어려서 이해하지 못한다.
· 토론하는 게 학생들을 존중하고 참여 의식을 갖게 하는 한 가지 방법이다.	· 학생들은 적절하게 토론하는 법을 모른다.

Good
Thinking

6

논쟁을 그만둬

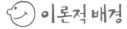

이론적 배경

이 단원은 논쟁에 관해 다룬다. 어린이들은 논쟁을 그만두라는 말을 종종 듣는다. 빅터 퀸(Victor Quinn)은 이 말이 잘못된 표현이라고 본다. 그 말의 의미는 싸우지 말아야 한다는 것이다. 학생들에게는 논쟁과 싸움 간의 차이와 논쟁을 잘하는 법을 가르칠 필요가 있다. 이것은 공공 정책의 갈등들을 강압이나 폭력에 의해서가 아니라, 이성적인 논증으로 해결하는 민주적 삶의 방식에 기본이 된다.

'논증' 이란 말은 어린이들에게 혼란스러울 수 있다. 어떤 점에서 어린이들에게는 논증이란 말이 지닌 다양한 의미를 설명해 줄 필요가 있을 것이다. 이를 위한 한 가지 방법은 '타당한 논증' 과 '타당하지 않은 논증' 에 관해서 이야기해 보게 하고, 또 학생들에게 그 두 가지의 차이를 구별하게 하는 것이다.

이 수업 활동은 학생들이 주고받은 이야기에 관한 네일 머서(Neil Mercer)의 연구에 기초를 두고 있다. 머서는 어린이들이 토론하는 방법이 나이와 경험에 따라 발달한다는 것을 보여주고 있다.

1 단계 : 언쟁적 대화
일반적으로 단정적인 주장과 반대 주장으로 구성되는 짧은 의사 교환 형태로서, 의견 불일치와 자의적인 의사 결정으로 특징 지워지는 단계

2 단계 : 동조적 대화
흔히 반복, 확인, 첨가만 하는 형태로서, 대화자들이 다른 사람이 말한 것을

긍정적으로 비판 없이 받아들이기만 하는 단계

3 단계 : 탐구적 대화

일반적으로 이해해 가면서 함께 생각해 보기 위해 제시된 진술과 제안 형태로서, 대화자들이 각자의 의견을 비판적이면서도 건설적으로 다루는 단계

중요한 개념들

- 논쟁하기(to argue) = (1) 토론하기 (2) 싸우기, 다투기
- 논증(an argument) = (1) 추론 (2) 싸움, 다툼
- 반대 논증(a counter-argument) = 다른 이유를 제기하는 논증
- 단언적인(assertive) = 자기 주장을 우길 수 있는

대안적 접근 방법

다음은 빅터 퀸(Vitor Quinn)이 제안한 방법이다. 먼저 토론할 때 참여자들을 몇 개의 작은 그룹으로 나눈 다음 그룹마다 각기 '악역'을 할 사람들을 비밀 쪽지에 적어 지명한다. 이 '악역'이 해야 할 일은 예를 들자면, 다른 사람의 말에 톡톡 끼어들어 방해하기, 반대하는 견해에 대해 조롱하기, 매력적인 주장에 대해 전혀 반응을 보이지 않거나 노력하지 않기, 반복적으로 혹은 아주 지루하게 자기 주장을 늘어놓기, 어떤 사람을 토론에서 배제시키기 등이다. 이런 악역을 하는 사람들은 학급에 적절히 배치시킬 수 있다. 각 그룹에서는 악역을 하는 사람들에게 잠깐의 즉석 토론극에서 연출해 보게 해야 한다. 학급에서는 각기 차례로 악역을 추측해 보도록 한다.

 학습 안내

(3) 세 가지 방법으로 말하기

＊ 예상되는 토론 후의 느낌

방법 1 : 대화가 끝날 즈음에 대화를 시작하였을 때보다 모두가 감정이 최악
　　　　의 상태라고 느낀다.
방법 2 : 대화가 끝날 즈음에 모두가 성과가 없었다고 느낀다.
방법 3 : 실제로 유익한 토론이었으며 모두가 향상이 있었다고 느낀다.

Good
Thinking

7

교복 문제

🙂 이론적 배경

이 단원에서는 학교 교복에 관한 가상적 의견 조사를 주로 다루고 있다. 응답들 중의 절반은 교복에 찬성했고 나머지는 반대했다. 전반적으로, 조사 결과는 다양한 추론 형태를 보여준다. 어떤 견해를 지지하는 객관적 증거와 정보를 활용한 추론이 있는가 하면, 단순하고 소박하게 자기 기호를 드러낸 의견과 같이 추론에 기초한 것으로 보기 어려운 것도 있다. 이 수업은 학생들에게 자기 견해에 대한 근거 제시의 중요성에 관하여 생각해 볼 기회를 제공하며, 특히 어떤 근거를 좋은 근거로 만드는 것이 무엇인지 생각해 볼 기회를 제공한다.

근거를 제시하는 일은 도덕적 논의의 기본이다. 우리는 근거를 제시하지 않고 제멋대로 어떤 의견을 주장할 수 있다. 그러나 다른 사람들이 우리 의견을 진지하게 검토해 주길 바라거나 우리 의견이 가치 있다는 것을 그들에게 설득하고자 한다면, 근거를 제시하는 일이 중요하다. 더구나, 우리가 그러한 견해를 주장하는 이유를 모른다면 그것을 자신 있게 변호하거나 옹호할 수가 없을 것이다.

투표를 하기 전에 자기 견해를 설명할 기회를 갖는 일은 대개 투표를 더욱 공정하게 하는 데 도움을 준다. 그것은 다수결에 정당성을 부여한다. 결정에 앞서, 소수가 그 논의에 대한 자신들의 견해를 발표할 기회를 갖는다면 다수결을 더 잘 받아들일 것이다. 경우에 따라 소수가 다수에게 자기들의 견해를 설득하도록 허용할 수도 있을 것이다. 그러한 일은 어떤 점에서 서로의 의견이 다르다는 것을 분명하게 해주고, 서로의 의견이 전혀 다른 경우일지라도 서로를 더 존중하게 만들어줄 것이다.

물론, 근거를 제시하는 것만으로는 충분하지 않다. 우리가 제시한 근거가 좋은 근거여야 한다. 어떤 근거를 좋은 근거로 만드는 것은 무엇인가? 매튜 립맨(Matthew Lipman)은 좋은 근거란 적합하고, 믿을 만하고, 설명에 도움을 주는 것이라고 말한다. 또한 좋은 근거는 대개 사실에 기초한 것들이다.

흔히 어린아이들이 어떻게 해서 자기 견해에 대한 근거를 제시하지 못하는지에 대해 주목해 보자. 그들에게 논증이란 잘라 말하고 거기에 대해서 반대로 잘라 말하는 것에 불과하다. 합리적 논증 능력을 발전시키는 데는 시간이 걸린다. 중학교 저학년 학생들조차도, 예를 들어 "나는 그것이 나쁘기 때문에 나쁘다고 생각한다"처럼 자기 의견에 대한 적절한 근거를 제시하기보다는 같은 말을 되풀이하거나 "만디(Mandy) 생각이 내 생각이다"처럼 자기 생각의 근거를 제시하기보다는 친구의 의견과 자기 생각을 동일한 것으로 간주하는 일이 흔하다. 학생들에게는 "왜? 그렇게 말하는 이유는? 그렇게 말하는 근거는 무엇이지?"라고 물음으로써 자기 견해를 지지하는 좋은 근거를 제시할 필요성이 있다는 것을 정기적으로 상기시켜 줄 필요가 있다.

『윤리적 탐구: LISA 교사용 지도서』
(*Ethical Inquiry: Instructional Manual to Accompany LISA*)
아메리카대학출판부, 1985.

☼ 중요한 개념들

- 설득력 있는(persuasive) = 납득이 가게 함직한
- 신뢰할 수 있는(credible) = 믿을 수 있는

- 동어 반복(tautology) = 동일한 것을 다른 말로 반복해서 말함
- 반박하기(to contradict) = 반대의 것을 말하기

학습 안내

(3) 논의하기

＊ 근거를 제시할 때 고려할 사항

1. 그 근거에 동의하는가?
2. 대부분의 사람들이 그 근거에 동의할까?
3. 그 근거가 어떤 사람이 결정에 이르는 방법을 말해 주는가?
4. 그 근거가 계속 확인될 수 있는가? 혹은 어떤 방법으로 확인될 수 있는가?
5. 그 근거는 이해하기 쉬운가? 누군가 그 근거에 동의할 수 있거나 동의하지 않을 수 있는가?
6. 그 근거는 어떤 개인의 의사 결정 방법을 이해하는 데 도움을 주는가? 그 근거는 설득력이 있는가?

(4) 근거 찾기

＊ 논증 가운데 흔히 눈에 띄는 형식들

우리들이 종종 맞닥뜨리는 근거들은 다음의 네 가지가 있다.

1. 두 가지 잘못이 한 가지 옳음을 만들지 않는다.

예) 누군가가 우리를 때렸다고 해서 똑같이 그를 때리는 것은 옳지 않다.

2. 위험한 비탈길

예) 오늘 저녁에 네가 조금 늦게 들어와도 된다고 허락하면, 너는 앞으로 점점 더 늦게 들어오려고 할 것이다.

3. 두 가지 악 중에서 덜한 쪽

예) 고양이를 안락사시키는 것은 소름끼치는 일이지만, 고통에 시달리게 내 버려두는 것은 한층 더 나쁘다.

4. 목적이 수단을 정당화하지 않는다.

예) 시험에 통과하는 것은 좋은 일이지만, 좋은 점수를 받기 위해 부정행위를 하는 것은 옳지 않다.

Good
Thinking

8

나를 억지로 설복시키려고 하지 마

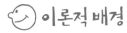

이론적 배경

이 단원의 대화에 등장하는 인물 중에 앨리가 있다. 앨리는 크리스가 나쁘다고 생각하고 있는 어떤 일을 하도록 설득하려고 한다. 그래서 온갖 그럴듯한 말로 논증적 속임수와 계략을 쓴다. 이 대화는 논증의 특성을 깊이 있게 생각해 보게 하고, 정당한 논증 방식과 부당한 논증 방식이 무엇인지를 생각해 볼 기회를 제공해 준다. 또한 학급 친구들이 강요하는 억압에 어떻게 대처할 수 있을 것인지도 생각하게 한다. 우리가 탐색해 볼 수 있는 또 다른 영역에는 정치인들이 사용하는 논증과 상업광고와 신문에 나오는 설득 내용들의 특성이 포함된다.

앨리와 크리스가 대화하고 있는 것에 대해서는 의도적으로 알아보기 힘들게 해놓았다. 또한 그들의 성별도 불분명하게 해놓았다. 세부적인 내용을 학생들 자신이 스스로 정해 보면서 그들은 자신의 설득 경험을 검토해 보는 것이 필요하나.

설득한다는 것은 그렇게 간단치 않은 하나의 과정이다. 설득이라는 것은 지적인 것은 물론 감정적인 것까지 적절히 고려되어야 가능하기 때문이다. 사람들에게 어떤 논증의 취약점을 알아차리게 하는 수많은 기법들과 장치가 있다. 매일 접하는 일상생활의 장면에서 이런 예들을 반성해 본다면 보다 더 비판적이며 분석적인 사람이 되어 속는 일이 훨씬 더 줄어들 것이다.

중요한 개념들

• 일반화(a generalization) = 대부분의 경우에 사실인 것

184

- 오류(a fallacy) = 참인 것처럼 보이나 그렇지 않은 것
- 비교(an analogy) = 비교하고 비유하는 것
- 틀린 비교(a false analogy) = 틀린 비교와 비유
- 단념케 함(to dissuade) = 어떤 일을 하지 않도록 설득하는 것

🙂 학습 안내

(3) 이유 대기

＊ 앨리가 사용한 설득 술수의 예들

사실 왜곡하기	"모두가 그렇게 해."
불완전한 논리 사용하기	"넌 전에 약속을 어긴 적이 있잖아(그러니까 이번에도 괜찮아)." "증거를 댈 수 있어?(증거를 댈 수 없으면 잘못된 거야)" "너의 어린 동생 때를 생각해 봐"(= 잘못된 유추) "네가 설명할 수 없으면, 충분한 이유를 가졌다고 할 수 없어." "어째서 내가 부당한지 네가 얘기할 수 없으면, 내가 부당할리가 없어."
감정 이용하기	"진심이야!" "바보짓 마!" "네가 정말 내 친구라면…"

Good
Thinking

9

아지트

이론적 배경

　이것은 자신들이 사는 집 뒤의 공터에 아지트를 만든 친구들에 관한 이야기이다. 아이들이 그 아지트를 어떻게 사용할 것인가에 관해 말다툼하면서 사태가 복잡해진다. 결국 그들은 규칙이 필요하다고 결정한다. 그러나 그 규칙을 어떻게 만들 것인가? 이 이야기는 학생들에게 규칙을 만드는 여러 가지 방식을 탐구할 기회를 제공한다. 또한 가정, 학교, 지역사회, 그리고 사회 전체에서의 규칙 제정에 관한 질문들을 제기한다.

　민주주의는 정치적 평등과 관련이 있다. 그것은 공적인 문제를 다룸에 있어서 적어도 원칙적으로는 모든 사람에게 동등한 발언권을 부여하는 일과 관련이 있다. 이 이야기가 시사하듯이, 실제로 이것이 무엇을 의미하는지에 대해서는 의문을 제기할 수 있고 대개 논쟁거리이기도 하다. 이 이야기에서 여러분이 탐구할 수 있는 주제들로는 실제적인 의사 결정 권리와 자문받을 권리 간의 차이, 토론과 논쟁의 역할, 합의와 다수결의 차이, 최종적인 결정자와 그들이 어떻게 책임을 질 것인가 등이 있다.

　연령과 경험에 따라 규칙 및 규칙을 만드는 일에 대한 생각이 어떻게 발달하는지 주목하라. 어린이들은 규칙에 대해서 부모와 교사 같은 권위 있는 인물이 그들로 하여금 지키도록 만들어 놓은 것 즉 주어져 있는 것이라고 생각하는 경향이 있다. 이 단계에 있는 어린이들은 자신들이 규칙을 만드는 과정에 참여할 수 있다는 생각을 거의 하지 못한다. 규칙의 질에 관한 판단은 순전히 사적인 맥락에서 내려지는 경향이 있다. 예를 들면, 어떤 학생은 '난 숙제를 좋아하지 않아' 라든지 '숙제하는 걸 잊어버리면 벌로 남아서 해야 해' 라는 생각 때문에 숙제에 관한 규칙이 불공정하다고 판단할 수도 있다. 중학교 고학년이나 고등학교 저학년이 되면, 학생들은 규칙을 주어진 것으로서 준수해야 할 것으로 보기보다는 어떤 목적을 위하여 사람들이 만들어낸 것이므로 바꿀 수도 있다는 생각을 하기 시작한다. 규칙의 질에 관한 판단은 덜 자기중심적으로 내려지기 시작한다. 학생들은 사회적 상황에 따라서 적절한 규칙 제정 절차가 달라질 수 있으며 그 과정에 자신들이 일익(一翼)을 담당할 수 있다는 것을 인식하기 시작한다.

중요한 개념들

- 민주적(democratic) = 참여하는 모든 사람에게 동등한 발언권이 주어져 있는
- 절차(procedure) = 정해져 있는 일 처리 방식
- 합의(consensus) = 사람들이 의견을 일치시키는 것
- 합법적인(legitimate) = 규칙을 따른
- 과반수(a majority) = 절반 이상
- 권위(authority) = 권력
- 책임이 있는(accountable) = 다른 사람에 대해서 자기 행위를 정당화해야 하는

학습 안내

(2) 내용 살피기

* 규칙을 공정하게 만들기 위해 고려할 사항

> 1. 누가 발언권을 갖게 되는가?
> 2. 누구에게나 동등한 발언권을 주어야 하는가?
> 3. 누가 최종 결정을 해야 하는가?
> 4. 투표를 해야 하는가?
> 5. 모든 사람이 동의해야 하는가?
> 6. 규칙들은 기록되어야 하는가?
> 7. 한번 정한 규칙을 바꿀 수 있는가? 만약 그렇다면 어떻게 바꿀 수 있는가?

(3) 이유 대기

* 규칙을 만드는 방법의 차이가 생기는 이유는?

> 1. 청소년 지도자들의 역할 때문
> 2. 예를 들면 협의회, 교회와 같은 조직체의 책임 때문
> 3. 회원 수가 많기 때문
> 4. 가입, 탈퇴가 자유롭지 않기 때문
> 5. 멤버의 공식적인 자격 유무 때문

Good
Thinking

10
특별 과제

🙂 이론적 배경

이것은 최선을 다하려고 하지만 학교생활을 그다지 잘하는 것 같지 않은 토비에 관한 이야기이다. 어느 금요일 오후 담임선생님은 학생들 중의 일부가 빈둥거린다는 이유로 학생들 전체에게 특별 과제를 내주었다. 토비는 주말에 힘들여 그 특별 과제를 했지만, 그의 친구는 월요일 아침에 학교 가는 길에 토비의 과제를 베꼈다. 학교에 갔을 때 토비는 난처한 입장에 빠진다. 이 이야기는 학생들이 공정성의 여러 의미를 탐구하고 그것들을 언제 어떻게 적용해야 하는지 생각해 볼 기회를 제공한다. 제기되는 쟁점들로는 학교에서의 공정성 및 공정한 처벌의 내용 등이 있다.

공정성은 사람들 그리고 그들이 처한 상황을 적절히 고려하는 것을 의미한다. 그것은 복합적인 개념이다. 공정성의 의미는 하나만 있는 것이 아니라 대여섯 가지가 있다. 함께 나누기, 편애하지 않는 것, 규칙을 준수하는 것, 차이를 존중하는 것, 기본적인 존중, 죄에 합당한 처벌 등이 그것이다. 공정성이란 때로는 사람들을 똑같이 대우하는 것을 의미하며 때로는 다르게 대우하는 것을 의미한다. 예를 들어, 법정은 그 앞에 선 어느 누구에게나 똑같은 공평성을 보여줄 것이 기대되지만 실제로 상이한 사람들에게는 상이한 처벌이 부과된다.

왜 어린아이들이 대개 그들이 좋아하지 않거나 어느 면에서 그들에게 편파적이라고 느끼는 행동을 가리키기 위해 '불공정한'이라는 용어를 사용하는지 주목해 보라. 또한 예를 들어, "톰에게 10시까지 자지 않아도 된다고 허락했다면, 나도 10시까지 자지 않을 수 있을 때에만 공정하다"처럼, 어찌하여 공정성의 지배적인 의미가 평등인지 주목해 보라. 누군가가 그들을 해쳤을 때 보복하는 것이 훌륭한 것은 아니라고 어린이를 설득하기가 어려운 것은 바로 이러한 이유 때문이다. 다른 사람의 욕구와 감정을 더 잘 느낄 수 있게 됨에 따라 그들은 불평등이 공정할 수 있다는 것을 인정하기가 더 쉬워질 것이다.

중요한 개념들

- 공평한(impartial) = 편들지 않는
- 예의를 지킴(decency) = 존중함
- 자격을 부여받은(entitled) = 권리가 있는

대안적 접근 방법

여러 명의 자녀를 둔 가정에서, 부모가 그 자녀들을 항상 똑같이 대해야 하는지, 아니면 다르게 대우하는 것이 더 공정한 경우가 있는지 학생들에게 생각해 보라고 한다.

이에 대해 도움을 주기 위해 다음의 "똑같이 대우할 것인가? 다르게 대우할 것인가?"의 사례를 가지고 생각해 보게 한다. 이는 서로 다른 종류의 공정함에 관해 생각하도록 해줄 것이 분명하다.

후속 활동으로서 학생들에게 그룹별로 부모들의 자녀 교육에 도움이 될 지침을 만들어보라고 요구해 본다.

똑같이 대우할 것인가? 다르게 대우할 것인가?

로햄톤 부부는 7살인 루사와 14살인 맷, 이렇게 두 자녀를 두고 있습니다. 이 부부가 자녀들을 어떻게 키우는 것이 가장 공정한 처사라고 생각하나요? 두 자녀에게 언제나 똑같이 대우해야 할까요? 아니면 때때로 다르게 대우해야 할까요? 아래 문제들에 대해 생각해 봅시다.

1. 용돈

2. 야간 외출

3. 귀가시간

4. 숙제

5. 차의 좌석 배치

6. 친구의 선택

7. 농담

8. 가족들의 종교 생활

194

🔆 학습 안내

(3) 내용 살피기

＊ 이야기 속에 있는 불공정함

> 자기와 상관없는 일로 벌을 받는 것
>
> 경고를 해야 함에도 불구하고 경고하지 않는 것
>
> 벌을 주는 방식이 다른 선생님들과 다른 것
>
> 사촌들과 놀지 못하게 하는 것
>
> 어려운 것들을 배우게 하는 것
>
> 선생님이 어떤 아이만 특별히 미워하는 것
>
> 학기 말에 초콜릿을 전혀 받지 못하는 것
>
> 친구가 토비가 한 숙제를 베끼는 것
>
> 토비의 친구가 자백하지 않는 것

(4) 토론

＊ 여러 가지 공정함의 종류

> 여러 가지 종류의 공정함이 있는데, 다음은 흔히 주목해 볼 만한 것들이다.
>
> 1. 평등한 분배
> 2. 편애하지 않음
> 3. 규칙을 지키는 것
> 4. 상대방에 대한 최소한의 존중
> 5. 차이를 존중하기
> 6. 죄에 합당한 처벌

Good
Thinking

11

아버지의 기대

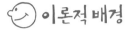 이론적 배경

이 단원은 12살 소년 찰리를 다루고 있다. 찰리는 아버지가 하는 구멍가게 위층에서 아버지와 누이동생과 함께 살고 있다. 찰리 아버지는 홀아비이다. 그는 가족을 부양하기 위해 악전고투 중이고, 찰리에게서 많은 것을 기대한다. 이 같은 환경 속에서 아버지는 12살 아이에게서 얼마나 많은 것을 당연히 기대할 수 있을까? 이 단원은 의무란 무엇이며 그 의무가 어디에서 생기는 것인가에 대해 생각할 기회를 제공해 준다. 이 사례 연구로부터 제기되는 주제들은 가족 구성원들 서로 간의 의무, 여러 종류의 직업상 의무, 그리고 시민들이 법을 지키고 미래의 사회복지에 공헌해야 할 의무 등이다.

의무란 법적 혹은 도덕적으로 기대되는 행위이다. 의무란 우리가 원하든 원하지 않든, 혹은 그로부터 이득이 생기든 생기지 않든 간에 반드시 행해져야 하는 어떤 것이다. 서로 다른 종류들의 의무가 있다. 철학자들은 예컨대 어버이의 의무같이 역할에 의해 결정되는 의무들과, 빚을 갚아야 할 의무와 같이 과거의 사건에 의해 결정되는 의무들을 구분한다. 어떤 사람들은 의무라는 말을 후자의 의미로 사용하는 것을 좋아하지만, 매일매일의 생활에서는 '의무', '책무', '책임' 같은 말들을 서로 바꾸어가며 사용한다.

중요한 개념들

- 의무(a duty) = 반드시 해야 하는 것
- 책임(a responsibility) = 의무
- 책무(a obligation) = 의무

- 직업적 의무(a professional obligation) = 직업과 관련된 의무
- 법적 의무(a legal obligation) = 법률이 부과한 의무
- 도덕적 의무(a moral obligation) = 옳음에 근거한 의무
- 절대적 의무(an absolute duty) = 결코 변명할 수 없는 의무

☺ 학습 안내

(3) 이유 대기

* 찰리가 아버지의 기대대로 이행할 것인가에 대한 예상되는 이유

- 아버지가 찰리에게 베풀어준 모든 것에 대해 찰리는 아버지에게 빚을 지고 있기 때문이다.
- 그것만이 가족을 결집시키는 유일한 방법이기 때문이다.
- 그것은 모든 어린이가 부모를 위해 당연히 해야 하는 것이다.
- 예절바른 사람이라면 응당 그렇게 해야 한다.
- 그렇게 하는 것이 법이다.
- 찰리는 그의 삶에 있어 그가 하기 좋아하는 것을 할 권리가 있다.
- 찰리는 자신만의 시간을 가질 필요가 있다.
- 찰리는 학교 공부에 전념할 시간을 갖지 못할지 모른다.

(4) 토론

* 찰리 아버지가 기대하는 것들 중 찰리가 이행해야 할 '의무'가 있는 것에 대한
  예상되는 이유

- 아버지가 찰리에게 베풀어준 모든 것에 대해 찰리는 아버지에게 빚을 지고
  있기 때문이다.
- 그것들은 가족생활의 한 부분이고 한 영역이다.
- 그것들은 어떤 사람에게서도 의당 기대할 수 있는 것들이다.
- 그것들은 법률에 정해져 있다.
- 그것들은 상점을 제대로 운영하기 위해 필요하다.

* 찰리가 의무를 이행함으로써 얻을 수 있는 것은(예상되는 보상)?

- 아버지가 찰리에게 보상을 해줄 것이다.
- 아버지가 찰리를 좋아할 것이다.
- 찰리의 기분이 좋을 것이다.
- 의무를 이행하지 않으면 찰리의 기분이 좋지 않을 것이다.
- 가족이 결속하게 됨으로써 찰리에게 도움이 될 것이다.
- 그로 인해 찰리는 더 착한 사람이 될 것이다.
- 아무 것도 없을 것이다.

Good
Thinking

12

어떤 소녀의 비밀 일기

🐣 이론적 배경

  이 비밀 일기는 평범한 중학생의 하루 일과를 상상해 낸 것이다. 이 일기를 읽어보면 주인공인 소녀의 주변 사람들에 대한 기대가 크다는 것을 금방 알게 된다. 이 단원은 권리의 특성이 무엇인지를 곰곰이 생각해 볼 수 있는 기회를 제공하며, 바라는 것이 정당한 권리들과 그렇지 않은 것에 어떤 것이 있는지를 보여준다. 또한 법적 권리와 도덕적 권리의 차이, 권리와 책임과의 관계, 사람들로부터 합법적으로 권리를 빼앗거나 권리가 부정되는 경우들이 거론된다.

  권리에 대한 생각은 도덕적 사고의 중심 개념이다. 그러나 그것은 혼동을 일으킬 수 있는 것이다. 권리라는 것은 한 가지가 아니라 여러 가지로 종류가 다양하다. 약간은 전통적인 것으로 예를 들면 '18세가 되면 선거권이 있다'처럼 법에서 그 근원을 찾을 수 있다.

  다른 것으로는 더욱 보편적이며 인간의 본성에 밑바탕을 두고 있는, 예를 들면 '인간은 존중받을 권리가 있다'와 같은 것이 있다. 또 '청구권', 예를 들면 교육에 대한 권리 같은 것으로 우리가 남에게 요구할 권리가 있다. 또한 자유롭게 말할 수 있는 권리처럼 남에게 방해받지 않고 자유롭게 자신의 흥미를 추구하게 하는 '자유권'도 있다. 더 혼란스러운 것은 인간은 권리를 가진다고 말하기만 하면 자동적으로 그 권리가 우리에게 주어지는 것으로 단순하게 생각하는 경향이 있다는 것이다. 그러나 이 단원의 이야기에서 보여지듯이 권리를 주장한다고 해서 권리를 얻는 사람은 아무도 없다. 권리를 얻기 위해서는 충분한 이유가 있어야만 한다.

  어린이들이 일상생활의 대화에서 권리라는 말을 별로 사용하지는 않지만 대

202

부분의 어린이들은 이미 '권리' 라는 용어에 친숙하다는 것을 유의해야 한다. 이 단원의 목표의 하나는 학생들이 권리라는 말을 늘 일상적으로 사용하도록 해주는 것인데, 단 권리라는 말을 적절하게 이해하고서 사용할 수 있도록 해주는 것이다. 어린아이들은 권리를 일종의 규칙이라고 생각한다. 그들은 자기들의 일을 해나가기 위해서 '권리를 가지고 있다' 라고 말하기를 좋아한다. 그러나 그들은 권리를 선생님들에 의해서 만들어진 또 하나의 규칙 정도로 보는 경향이 있다. 그후 아이들은 필요성이나 선호도라는 점에서 권리를 생각한다. 예를 들면 아이들은 사람들이 자기 물건을 도둑맞는 것이 싫으니까 소유권을 갖게 되는 것으로 생각한다는 것이다. 인간의 존엄성이나 사회적 조화라는 개념에 권리 개념이 뿌리 내려 발달하는 데에는 대개 상당한 격려가 필요하며 더 많은 시간이 걸린다.

중요한 개념들

- 권리(a right) = 어떤 사람이 주장할 수 있는 것 또는 그 사람에게 마땅히 주어져야 할 것
- 자격 취득(an entitlement) = 권리
- 법에 규정된 권리(legal right) = 어떤 것에 관해 법에 존재하고 있는 권리
- 도덕적 권리(moral right) = 옳음에 기초한 권리
- 인권(human right) = 모든 인간이 당연히 가져야만 하는 권리
- 절대적 권리(absolute right) = 절대로 빼앗길 수 없는 권리(절대로 양도될 수 없는 권리)
- 특권(privilege) = 오직 특정한 사람에게만 예외로 주는 권리

☺ 학습 안내

(2) 내용 살피기

＊ 소녀가 가지고 있다고 생각하는 권리

자신의 아침밥을 남에게 차리도록 하는 것?

생일 선물을 받을 권리?

괴롭힘을 당하지 않을 권리?

어떤 것을 가질 수 있는 권리?

정확하게 버스 운행 시간을 지켜달라는 요구?

버스 좌석에 앉을 권리?

버스에서의 흡연?

버스에서 강제로 내렸을 때 버스 요금을 환불받을 권리?

자전거 도로를 걷는 것?

수학문제를 풀 때 계산기를 사용하기?

체육시간에 축구하기?

벌받는 것을 거부하기?

선생님에게 말대꾸하기?

돈을 가지고 있지 못할 때 음식을 제공받는 것?

학생주임 선생님에게 무엇을 해달라고 말하는 것?

마음 내키는 대로 옷 입기?

욕을 먹지 않는 것?

하고 싶지 않으면 언제든지 기타 강습을 받지 않기?

더 좋은 교육을 받을 권리?

마음이 내키지 않으면 언제든지 학교 수업을 빼먹고 집으로 가기? 기타 등등.

(4) 분류하기

＊ 기타 생각해 낼 수 있는 여러 가지 권리들

인권

노동에 관련된 권리

아동의 권리

소비자들의 권리

동물들의 권리

Good
Thinking

13

기발한 생각

 이론적 배경

　케네스 그레이엄(Kenneth Grahame)이 지은 "버드나무 숲에 부는 바람"을 모방한 이 이야기는 숲속을 걷고 있을 때 새끼 뱀과 우연히 마주친 한 무리의 동물들에 관한 것이다.

　그 뱀은 도움이 필요한 것 같았지만 독이 있었다. 동물들은 어떻게 해야 할까? 뱀을 내버려둘 것인가? 아니면 어떻게든 도울 것인가? 각 동물마다 이 문제에 대한 해결 방법이 달랐다. 두더지의 본능은 자신에게 닥칠 결과를 개의치 않고 동정심으로 행동하는 것이다. 그는 새끼 뱀의 입장에서 새끼 뱀이 어떠할지를 상상한다. 그의 반응은 아주 감정적인 것이다. 대조적으로 생쥐는 시종일관 자신의 입장에서만 생각을 한다. 다른 동물들이 자신을 어떻게 생각할지 염려하면서 동의만 할 뿐이다.

　두꺼비는 올빼미의 높은 권위에 승복한다. 두꺼비의 반응은 원칙에 의거한 것이다. 오소리는 자신의 판단을 더욱 신뢰한다. 오소리는 전체 상황을 주의 깊게 고려하고 각각 다른 의견들의 결과에 대해서 숙고한다. 모두 하나로 조합해 보면, 각각의 동물들은 인간의 도덕적 의사 결정 경험들과 그것과 함께 나타나는 내면적 갈등을 보여준다. 이 이야기는 의사 결정에 있어 대안적 접근법들과 그것들을 지지하는 다양한 도덕적 권위의 근거들을 생각해 볼 수 있게 해준다.

　학생들은 이야기에 등장하는 동물들의 생각이 자기들 수준에 맞지 않는다고 할지 모른다. 공부를 하는 데 어려움이 있으면 이 단원의 끝에 간단히 설명된 것과 같은 또 다른 방법을 선택할 수 있을 것이다.

　어린 학생들이 도덕적 논쟁에 대한 하나의 견해를 표현하는 데 어려움을 거의 갖지 않는다고 하더라도, 이러한 견해들의 본질과 근원에 관해 생각하는 것이 더욱 더 어려울 수 있다. 자신의 생각에 대해 비판적으로 사고하는 능력은 고학년과 저학년에서 여전히 발달되고 있다. 따라서 학생들은 이러한 연습을 해볼 필요가 있다.

중요한 개념들

- 이기심(self-interest) = 자신에게 좋은 것을 추구함
- 동정심(compassion) = 어떤 사람을 몹시 가엾어 함
- 공감 : 감정이입(empathy) = 다른 사람의 생각이나 기분을 이해함
- 도덕적 권위(moral authority) = 무엇이 옳고 그른가를 판결하는 힘

대안적 접근 방법

도덕적 문제에 대해 생각해 보기 :

> 도박 게임에 빠진 한 친구가 여러분에게 돈을 빌려달라고 한다. 자신이 돈을 딸 때 갚는다고 한다.

다음과 같은 인물 카드를 짝이나 소집단을 이룬 아이들에게 나누어준다.

명철 : 친절하고 너그러우며 정직한 타입의 사람이다. 항상 도움이 필요한 다른 사람에게 동정적이다.

정애 : 감정을 잘 컨트롤하는 타입의 사람이다. 항상 신중하다. 의사 결정을 하

기 전에 양 측면을 고찰한다.

지만 : 항상 자기 자신의 이익을 앞세우는 사람이다. 만일 자기 스스로 자신을
돌보지 않는다면 그 누구도 돌봐주지 않는다고 믿는다.

은혜 : 종교적인 사람이다. 모든 의사 결정을 신앙에 근거를 두려고 한다.

아이들은 주어진 카드의 인물의 입장에서 문제에 대한 응답을 해야 한다.

 학습 안내

(2) 내용 살피기

* 동물들 간에 입장이 서로 다른 점들

두더지	이싱보다 감정에 따라 행동함 뱀의 입장에서 상상함 뱀에 대해 친절과 동정심을 가짐 자기 자신의 위험에 대해선 생각하지 않음 마음이 동요되어서 너무 생각이 치우침
생 쥐	자기 자신에 대해서만 생각함 다른 동물들이 자신을 어떻게 생각할지 염두에 두고 동의만 할 뿐임
오소리	관련된 모든 동물들을 고려함 이성적으로 행동함 좋은 것을 취하기 위해 감정에 얽매이지 않음
두꺼비	원칙을 적용함 높은 도덕적 권위를 따름

Good
Thinking

14

외톨이 호텐스

⊙ 이론적 배경

　이것은 열등감 콤플렉스에 걸린 참새에 관한 이야기이다. 호텐스는 가장 나중에 부화된 참새 새끼이다. 또한 호텐스는 가장 작기도 했다. 형제 자매들의 괴롭힘과 비난을 견딜 수 없어서 호텐스는 점차 자기가 참새가 아니라 독수리라고 확신한다. 이런 생각을 가지고 호텐스는 다소 불쌍하지만 맹금의 특성을 얻으려 하기 시작한다.

　이 이야기는 자신이 생각하는 자기의 모습이 자신의 행동과 삶의 방향에 궁극적으로 어떻게 영향을 줄 수 있는지 생각해 볼 기회를 제공한다. 이 이야기는 자의식이 어떻게 발달하는가 하는 문제와 사람들이 그들 자신과 그들이 성취한 것에 대해서 긍정적인 이미지를 발달시키도록 도우려면 어떤 일을 할 수 있는가 하는 문제를 제기한다. 이 이야기에서 탐구할 수 있는 주제들로는 사람들이 자신을 바라보는 방식에 미치는 괴롭힘의 효과, 또래집단 압력의 성격, 그리고 광고와 매스미디어의 효과 등이 있다.

　살아가면서 우리들 각자는 자신에 대한 이미지, 즉 우리가 바라는 모습 그리고 다른 사람들이 보는 우리 모습을 만든다. 이러한 이미지는 우리의 도덕관과 인간관계에 커다란 영향을 미칠 수 있다. 타인으로부터의 애정 결핍은 우리 행동의 중요한 결정 요소이다. 마찬가지로 우리 자신이 가지고 있는 이미지에 대해서 얼마나 편안함을 느끼는가 하는 것도 우리 행동의 중요한 결정 요소이다. 우리가 되고 싶은 자신의 모습과 우리가 생각하는 실제의 자기 모습이 아주 다를 때 문제가 생길 수 있다. 자부심의 부족이 바로 그러한 문제의 결과이다.

우리가 가진 이상적인 자아상이 시간이 지남에 따라 어떻게 변하는지 주목해 보자. 어린아이들은 자신을 자기 부모와 동일시하는 경향이 있다. 그러나 중학교 고학년 정도가 되면 그들은 자신을 자기 친구들과 훨씬 더 많이 동일시하게 된다. 이 단계의 이상적인 자아상은 대개 친구들이 바람직하게 생각하거나 기대하는 특성들의 혼합물이다.

☼ 중요한 개념들

- 자아상(self-image) = 자신이 생각하는 자기 모습
- 이상적인 자아상(ideal self-image) = 자신이 바람직하다고 생각하는 자기 모습
- 현실적인 자아상(actual self-image) = 자신이 생각하는 실제의 자기 모습
- 자부심(self-esteem) = 자신에 관하여 자랑스럽게 생각하는 마음
- 망상(a delusion) = 잘못된 생각
- 열등감 콤플렉스(an inferiority complex) = 무언가를 못한다고 생각하기 때문에 자신을 낮게 보는 콤플렉스
- 자기 충족적 예언(a self-fulfilling) = 어떤 부류의 사람으로 자꾸 대접받음으로써 실제로 그렇게 행동하기 시작하는 것

⏻ 학습 안내

(2) 내용 살피기

＊ 참새들이 목격한 호텐스의 변화된 모습

호텐스는 참새가 아니라고 생각하기 시작했다.
짹짹 하며 울기를 그만두었다.
소리 내지 않고 공중을 빙빙 맴돌았다.
참새 먹이를 먹지 않았다.
더 자신이 있고 당당할 수 있게 되고 교만한 것처럼 보이게 되었다.

(3) 이유 대기

＊ 호텐스가 변해 간 이유에 대한 예상 대답

다른 참새들이 호텐스를 괴롭히고 있다.
호텐스의 변화가 괴롭힘을 막는 데 도움이 된다.
호텐스는 참새라는 걸 좋아하지 않는다.
다른 참새들이 호텐스를 도달하기 힘든 이상적인 모습으로 대한다.
호텐스는 변함으로써 다른 참새들이 자기를 존경하게 될 무언가를 얻게 된다
고 생각했다.
그런 변화가 호텐스의 약점을 숨길 수 있다.
그렇게 함으로써 기분이 더 좋아진다 등

✻ 호텐스가 자신의 행동이나 생각을 끝까지 버리지 못한 이유에 대한 예상 대답

다른 참새들이 호텐스를 더 많이 놀렸을 것이다.

그만두면 자기 잘못을 인정하는 것이 되었을 것이다.

호텐스는 실제로 자기가 독수리라고 확신했을 것이다.

호텐스는 닥쳐올 위험을 깨닫지 못하였다 등

✻ 호텐스가 죽은 것은 누구의 잘못이라고 생각하나에 대한 예상 대답

• 호텐스 자신의 잘못이다.

호텐스는 그러한 비난을 무시했어야 했다.

호텐스는 자신이 실제로 독수리가 아니라는 것을 알았다.

호텐스는 있는 그대로의 자신에 만족했어야 했다.

그것은 호텐스의 선택이었다.

호텐스는 너무 늦기 전에 그만두었어야 했다 등

• 호텐스 가족의 잘못이다.

호텐스를 비난했다.

호텐스를 괴롭혔다.

호텐스가 자신을 나쁘다고 느끼게 만들었다.

호텐스에게 적절한 관심을 기울이지 않았다 등

＊ 행동에 영향을 줄 수 있는 자아상의 예

부지런했으면 하고 생각하는 사람, 자기가 열심히 공부하는 학생이 아니라고 걱정하는 사람 등

《 평가 과제 샘플 》

지필 평가 과제는 학생들로 하여금 도덕적 토론이 단순히 의견을 교환하는 일만은 아니라는 것을 알게 하는 데 도움을 준다. 새로 배운 개념들이 있고, 이미 배운 낯익은 개념들의 의미도 좀더 복잡한 상황에서 세밀하게 구별하고 확대시켜 적용해 보아야 한다. 또한 공식적 평가는 여러 가지 교수법과 접근법의 효과를 평가하는 유용한 수단일 뿐만 아니라 학습을 심화시키고 학생의 성취를 평가하는 유용한 수단이기도 하다.

물론 도덕 교육의 어떤 측면은 다른 측면보다 공식적으로 평가하기가 더 쉽다. 학생들의 도덕적 어휘 구사력과 도덕적 개념의 이해 그리고 그 개념들이 일상의 판단과 논쟁에서 하는 역할은 이러한 지필 평가의 가장 분명한 대상이다.

다음 문항들은 이렇게 사용할 수 있는 지필 평가의 예시이다.

1. 어린 아이가 있는 가정에서 생길 수 있는 도덕 문제를 몇 가지 생각해 보시오.
   그것들이 도덕 문제인 이유를 말해 보시오.

2. 두 종류의 권리를 서술하고, 각각의 사례를 들어보시오.

3. 황금률이란 무엇인가요?

4. 정의에 해당하는 다른 용어를 생각해 보시오.

5. 사람들이 도둑질을 나쁘다고 생각하는 이유를 생각해 보시오.

6. 두 종류의 공정성을 서술하고, 각각의 사례를 들어보시오.

7. 의무에 해당하는 다른 용어를 생각해 보시오.

8. 말다툼과 토론의 중요한 차이점을 두 가지 쓰시오.

9. 학생들에게는 자기 학교 운영에 대한 발언권이 있어야 합니까? 이 문제에 대한 찬반 논의에 대해서 생각해 보시오.

10. 두 종류의 의무를 서술하고, 각각의 사례를 들어보시오.

11. 어떤 권리를 절대적 권리라고 말하는 경우, 그 의미는 무엇인가요?

12. 병원이나 공공 의료시설에서 일하는 사람에게 생길 수 있는 도덕 문제에 대해 생각해 보시오.

13. 어떤 결정을 민주적인 결정으로 만드는 것은 무엇인가요?

14. 어떤 사람에게 해결해야 할 도덕 문제가 있을 때 고려하지 않으면 안 될 쟁점들에 대해서 생각해 보시오.

15. 말하는 사람은 상대방이 자기 견해를 받아들이게 하기 위해 설득 기술을 사

용하려 할 수가 있습니다. 이러한 목적을 위해 사용되는 여러 종류의 설득 기술에 대해 생각해 보고, 각각의 사례를 들어보시오.

16. 부모가 자녀를 때리는 것이 옳은가 하는 문제에 관해 의견이 다른 두 사람의 대화를 써보시오. 그 대화 속에 공정, 의무, 권리, 결과라는 낱말을 포함시켜 보시오.

17. 자전거를 타는 사람에게 안전모를 쓰게 하는 법이 있어야 합니까? 이런 법이 있을 경우, 어떤 일이 일어나리라고 생각합니까? 이런 법이 없을 경우, 어떤 일이 일어나리라고 생각합니까? 전체적으로, 여러분은 무엇이 최선이라고 생각하나요?

18. 아래 진술들을 추론의 여러 형태와 연결하시오.

A. 이기는 것은 좋지만,
   이기기 위해 속이는 것은 가치가 없다.

1. 목적이 수단을
   정당화하는 것은 아니다.

B. 내가 너에게 펜을 주면,
   다른 모든 사람들이 펜을 달라고 할 것이고,
   머지 않아 내게는 펜이 하나도 없게 될 것이다.

2. 두 가지 악 중에
   덜 나쁜 악

C. 나는 거짓말하는 것이 나쁘다고 여기지만,
   할머니 기분을 상하게 하는 것보다는 낫다고 본다.

3. 기우 또는 노파심

219

논리력 키우기

GOOD THINKING

초판 1쇄 인쇄 / 2005년 6월 25일
초판 1쇄 발행 / 2005년 6월 30일

지은이 ㅣ 테드 허들스턴 & 돈 로우
옮긴이 ㅣ 어린이철학연구소
펴낸이 ㅣ 전춘호
펴낸곳 ㅣ 철학과현실사
서울특별시 서초구 양재동 338-10호
전화 579-5908   팩스 572-2830

등록일자 ㅣ 1987년 12월 15일(등록번호 : 제 1-583호)
ISBN 89-7775-535-2 03170
값 9,000원

＊옮긴이와의 협의에 따라 인지를 생략합니다.
＊잘못된 책은 교환해 드립니다.